公共体育服务体系构建与发展

黄 鹿 著

同济大学出版社 · 上海
TONGJI UNIVERSITY PRESS · SHANGHAI

内容提要

本书系统阐述公共体育服务体系的构建与优化路径，首先界定其概念、特点、功能与构成要素，明确构建原则、目标与任务；进而重点探讨支撑体系运行的核心环节：体育设施的科学布局与建设管理，多样化体育活动的有效组织与推广，专业人才及志愿者队伍的培养与激励，信息技术应用与智能化升级，以及社区层面服务供给模式创新、活动开展与资源整合；旨在为构建覆盖全民、便捷高效、可持续发展的公共体育服务供给体系提供理论参考与实践指导，助力全民健身事业高质量发展。

图书在版编目（CIP）数据

公共体育服务体系构建与发展 / 黄鹿著. -- 上海 ：同济大学出版社, 2025. 6. -- ISBN 978-7-5765-1656-2

Ⅰ. G812.4

中国国家版本馆 CIP 数据核字第 20256MQ499 号

公共体育服务体系构建与发展

黄　鹿　著

责任编辑　刘　睿　　**责任校对**　徐逢乔　　**封面设计**　张田田

出版发行　同济大学出版社　　www.tongjipress.com.cn
（地址：上海市四平路 1239 号　邮编：200092　电话：021-65985622）

经　　销　全国各地新华书店
印　　刷　苏州市古得堡数码印刷有限公司
开　　本　787mm×1092mm　1/16
印　　张　12
字　　数　215 000
版　　次　2025 年 6 月第 1 版
印　　次　2025 年 6 月第 1 次印刷
书　　号　ISBN 978-7-5765-1656-2

定　　价　68.00 元

前　言

随着社会的不断发展和人们生活水平的提高，体育作为一种重要的社会文化活动，逐渐成了现代生活中不可或缺的组成部分。体育不仅是增强体质、提高健康水平的手段，还是促进社会和谐、增强民族凝聚力的重要因素。因此，构建和发展公共体育服务体系，已成为社会各界共同关注的焦点。

公共体育服务体系的构建，旨在为广大人民群众提供便捷、高效、优质的体育服务，满足人们日益增长的体育需求。它不仅包括体育设施的建设与维护、体育活动的组织与推广，还涵盖了体育教育、体育文化的传播等多个方面。通过完善的公共体育服务体系，可以有效提升国民的身体素质，增强社会的整体活力，促进经济的发展和社会的进步。

本书首先从公共体育服务体系概述入手，解读了公共体育服务体系的构建原则、目标及任务，分析了公共体育服务设施的建设与管理，随后论述了公共体育活动的组织与推广、公共体育服务体系的人才培养，最后对公共体育服务的信息化与智能化、公共体育服务的社区化发展进行了深入探讨。希望通过本书的介绍，能够为读者提供公共体育服务体系构建与发展方面的帮助。

在完成本书的过程中，笔者参考并借鉴了许多有价值的文献资料，对这些作者的帮助深表感激。然而，由于水平有限，书中难免存在疏漏和缺陷，因此，笔者衷心希望广大读者能够不吝赐教，提出批评和建议，同时也非常期待同行的批评和指正。

黄　鹿

2025 年 2 月

目　录

第一章　公共体育服务体系概述

第一节　公共体育服务的定义与特点

一、公共体育服务的基本定义

（一）内涵

公共体育服务涵盖了设施的提供、体育活动的组织、政策的支持以及社会的参与等多个方面。其核心目的在于满足公众对体育活动的基本需求，提升公众的身体素质和生活质量。公共体育服务不仅是一种政府职能的体现，更是社会公共资源的合理配置，以实现全民健康为目标。通过提供多样化的体育活动和健身设施，公共体育服务旨在激发公众参与体育活动的热情，从而促进全民健身运动的广泛开展。

公共体育服务不仅仅是为了提供体育设施和活动，更重要的是通过这些服务来提升公众的生活质量和身体素质。其功能性体现在多个层面，包括促进健康、增强社会凝聚力、提高生活满意度等。通过体育活动，公众可以获得身体和心理上的健康益处，同时也能通过参与集体活动增强社会联系感和归属感。

公共体育服务强调体育服务的覆盖面广泛，旨在为不同年龄、性别和社会背景的群体提供平等的体育参与机会。这种普遍性确保了每个人都能在适合自己的条件下参与体育活动，不受经济、地域或社会因素的限制。因为这种普遍性，公共体育服务促进了社会公平和全民参与，为构建和谐社会奠定了基础。

（二）外延

公共体育服务的外延涉及广泛的服务对象，涵盖个人、家庭、社区及特殊人群，如残疾人、老年人和儿童等。这种广泛的覆盖确保了服务的公平性和普及性。公共体育服务的设计旨在消除由于年龄、身体状况或社会经济条件不同而导致的参与障碍，使每一个人都能享受体育带来的健康和快乐。通过对不同群体的需求进行细致分析，公共体育服务能够在提供普遍性服务的同时，针对特定人群设计专门的活动和设施，提升其参与度和满意度。

公共体育服务的服务内容丰富多样，涵盖体育设施建设、组织体育活动、提供专业指导和培训等多种形式。这种多样化的服务形式不仅满足了不同年龄层和兴趣群体的需求，还促进了全民健身意识的提升。体育设施的建设是公共体育服务的重要组成部分，合理的设施布局和高质量的场地是人们积极参与体育活动的基础。此外，定期组织的体育活动和赛事不仅丰富了社区文化生活，还增强了居民的社会凝聚力和归属感。专业指导和培训则通过提升个体的运动技能普及健康知识，进一步推动人们参与体育活动的深度和广度。

二、公共体育服务的主要特点

(一)普及性

公共体育服务的普及性主要体现在其广泛的覆盖面。无论是儿童、青少年、成年人还是老年人，不同年龄段的人群都能够通过公共体育服务享受到满足其需求的体育活动。此外，性别和社会背景的差异也不再成为参与体育活动的障碍，公共体育服务的普及性确保了每一个人都能平等地参与体育活动。这种广泛的覆盖面不仅提升了全民的健康水平，也促进了社会的和谐发展。

公共体育服务通过提供多样化的服务内容，满足不同群体的需求，让更多人能够参与到体育活动中。无论是竞技体育、休闲体育还是康复体育，公共体育服务都能提供相应的设施和指导。通过这种多样化的服务，公共体育服务能够有效地吸引不同兴趣和能力的人群参与体育活动，从而提升全民的身体素质和生活质量。

便捷的服务平台是公共体育服务普及性的另一个重要体现。通过利用社区、学校等多种平台，公共体育服务能够方便地为公众提供体育活动的机会。这些平台不仅提供了体育设施，还组织了各种形式的体育活动，使公众能够在日常生活中轻松地参与体育锻炼。便捷的服务渠道不仅提高了体育服务的可及性，也增强了公众参与体育活动的积极性。

公共体育服务的普及性还促使政府和社会组织加大对体育设施的投资与建设。为了满足日益增长的体育需求，各级政府和社会组织不断加大对公共体育场所的投入，建设更多的体育设施。这些设施的建设不仅提高了体育服务的可达性，也为公众提供了更好的运动环境，进一步推动了全民健身运动的发展。

(二)公益性

公共体育服务的公益性体现在其服务目标上，旨在满足全体公民的基本体育需求，不以营利为目的，确保每个人都能平等享受体育资源。这种公益性不仅仅是公共体育服务的核心理念，也是其区别于商业体育服务的重要标志。通过政府的政策引导和财政支持，公共体育服务在全国范围内实现了资源的普及化和均等化，努力消除地域和经济条件对体育资源获取的限制，确保每位公民都能享受到基本的体育服务。

公共体育服务的公益性还体现在资源的公平分配上。通过政府和社会组织的共同努力，确保不同地区、不同经济条件的人群都能获得必要的体育服务。这种资源分配的公平性是公共体育服务体系构建的核心目标之一。政府通过建立完善的体育设施网络，推动城乡体育资源的均衡发展，缩小城乡之间、区域之间的体育资源差距，努力实现体育资源的最大化利用和最优化配置。

公共体育服务的公益性还体现在促进社会和谐与健康上。通过组织社区体育活动，增强居民之间的互动与凝聚力，提升社会整体的幸福感。社区体育活动不仅仅是体育锻炼的载体，更是促进邻里关系、增强社区凝聚力的重要手段。通过丰富多样的体育活动，公共体育服务为居民提供了一个相互交流、增进感情的平台，从而在无形中促进了社会的和谐与稳定。

公共体育服务的公益性离不开政策支持与资金投入。政府通过立法和财政措施保障公共体育服务的实施，确保其长期可持续发展。公共体育政策的制定和实施，为公共体育服务的开展提供了法律和制度保障。同时，政府的资金投入确保了公共体育设施的建设和维护，以及各类公益性体育活动的顺利开展。这种政策和资金的支持，是公共体育服务可持续发展的重要保障。

（三）多样性

公共体育服务的多样性体现在其形式的多元化，涵盖了社区体育、学校体育、企业体育和专业体育等多种形式。这种多样性不仅满足了不同群体的参与需求，还通过差异化的服务模式促进了社会的整体健康水平提升。社区体育以其广泛的覆盖面，成为居民日常生活的重要组成部分，而学校体育则通过系统化的体育教育，培养学生团队合作精神。企业体育在提高员工健康水平和工作效率方面发挥着积极作用，而专业体育则为有志于从事体育事业的人士提供了更高的平台和机会。这种多样化的形式，确保了公共体育服务能够在不同的情境下满足多样化的需求。

公共体育服务的活动内容同样展现出多样性，涵盖了健身、竞技、休闲和文化体育等多种类型。这种多样性不仅丰富了人们的选择，还使公共体育服务能够根据不同人群的兴趣和需求进行调整。健身活动通过提供多样的锻炼项目，吸引了不同年龄层次的人群参与，增强了全民健康意识。竞技体育则为那些追求挑战和突破的人提供了展示自我的平台。休闲体育通过轻松愉快的活动形式，成为人们放松身心的理想选择。而文化体育通过传统与现代结合的方式，促进了文化的传承和创新。这种多样化的内容，为公共体育服务的普及和推广提供了有力支持。

实施方式的多样性也是公共体育服务的重要特点。通过线上线下结合的模式，公共体育服务突破了时间和空间的限制，让更多的人能够参与其中。定期活动与不定期活动相结合的方式，增加了服务的灵活性和可达性，满足了不同人群对活动频率和时间的多样化需求。线上活动的兴起，使公共体育服务能够在疫情等特殊情况下继续开展，而线下活动则通过面对面的互动，增强了参与者之间的交流和合作。这种多样化的实施方式，为公共体育服务的可持续发展奠定了基础。

参与方式的多样性也是公共体育服务的特点之一。通过鼓励个人、团队、家庭等多种形式的参与，公共体育服务不仅促进了社会各界的广泛参与，还增强了社会的凝聚力。个人参与的方式，满足了人们对自我锻炼的需求；而团队参与的方式，则通过集体活动，增强了团队的协作能力和凝聚力；家庭参与的形式，通过亲子互动和家庭活动，促进了家庭成员之间的沟通和理解。这种多样化的参与方式，使公共体育服务能够在更大范围内发挥其社会功能。

三、公共体育服务的覆盖范围

（一）城市社区

城市社区作为公共体育服务的重要载体，其设施建设在满足居民日常锻炼需求方面起着至关重要的作用。社区运动场、健身器材和活动中心的规划与布局，直接关系到居民的锻炼便利性和参与度。合理的设施布局不仅能够提高场地的使用效率，还能够通过优化资源配置，提升居民的锻炼体验。设施的多样性和可及性是城市社区公共体育服务成功的关键，确保每一位居民都能找到适合自己的运动形式，以实现全民健身的目标。

城市社区体育活动的组织是提升居民参与度和社区凝聚力的重要手段。定期开展各类体育赛事和健身活动，不仅能够丰富居民的业余生活，还能通过集体活动增强社区成员之间的交流与互动。多样化的活动形式，如趣味运动会、社区联赛等，能够吸引不同年龄层次的居民参与，形成良好的社区体育文化氛围。这种文化氛围有助于增强居民的归属感和认同感，进而提升整个社区的凝聚力。

专业指导在城市社区公共体育服务中扮演着重要角色。提供运动指导和健康咨询服务，能够帮助居民科学锻炼减少或避免运动损伤，提高运动效果。这些专业服务通常由具备资质的体育教练或健康顾问提供，通过个性化的运动方案和健康指导，满足居民的不同需求。此外，定期举办健康讲座和运动培训班，也能提高居民的健康知识水平，促进健康生活方式的养成。

宣传与教育是提高居民对体育活动认知与参与意愿的重要途径。通过多种渠道，如社区公告栏、社交媒体、社区广播等，宣传健康生活方式和体育活动的重要性，能够有效提高居民的健康意识。同时，社区还可以组织体育知识普及活动，提高居民对体育项目的了解程度和兴趣。通过持续的宣传和教育，使体育活动逐渐成为居民日常生活的一部分。

（二）农村地区

农村地区的公共体育服务在近年来受到越来越多的关注，其设施建设是提升农村体育服务水平的基础。完善乡村运动场地和健身器材的配置，不仅能够满足农民的日常锻炼需求，还能提高农村居民的生活质量和健康水平。与城市相比，农村地区的体育设施相对匮乏，因而在设施建设方面需要投入更多的资源和精力，以实现城乡体育服务的均等化。通过政府和社会力量的共同努力，逐步完善农村公共体育设施，将为农村居民提供更加便利的锻炼条件，促进农村地区的全民健身。

在农村地区，公共体育服务的活动组织也扮演着重要角色。通过鼓励开展多样化的体育赛事和文体活动，可以有效增强村民的参与感和归属感。这些活动不仅丰富了农民的文化生活，也为他们提供了展示自我的平台，促进了村民之间的交流与合作。体育活动的多样性和趣味性是吸引村民参与的关键，因而在活动设计上要充分考虑农村居民的兴趣和需求，确保活动的广泛参与性和影响力。通过这些活动的开展，农村地区的体育氛围将得到极大提升。

专业指导是农村地区公共体育服务的重要组成部分。通过提供运动知识和健康咨询，帮助农民掌握科学锻炼的方法，能够有效提升其身体素质。农村地区的农民由于缺乏系统的体育教育和指导，往往在锻炼中存在误区，导致锻炼效果不佳甚至受伤。因此，专业指导的介入显得尤为重要。通过定期组织讲座、培训和咨询活动，帮助农民了解科学的锻炼方法和健康知识，使其在日常生活中能够自主进行有效的体育锻炼，达到增强体质的目的。

宣传推广在农村地区公共体育服务中同样不可或缺。通过农村广播、宣传栏等多种渠道，推广健康生活方式和体育活动的重要性，可以提高村民对体育锻炼的认识和重视程度。宣传活动的有效开展，能够引导农民树立正确的健康观念，养成良好的锻炼习惯，从而提升整体健康水平。通过创新宣传形式和丰富宣传内容，使健康教育深入人心，形成全民健身的良好氛围。

（三）特殊人群

公共体育服务体系的构建不仅要覆盖普通人群，还需特别关注特殊人群。特殊人群包括残疾人、老年人、儿童等，他们在参与体育活动时存在独特的需求和障碍。因此，识别这些需求是确保公共体育服务有效性的关键。特殊人群的需求分析不仅需要考虑其身体状况，还要意识到他们在心理和社会层面的特征。通过深入了解不同群体的具体需求，可以设计出更具针对性的体育服务方案，提高服务的精准性和有效性。

为特殊人群设计定制化的体育活动方案是满足其特定需求的有效途径。在设计过程中，必须考虑到每个群体的身体状况和兴趣爱好。例如，为残障人士提供适合他们参与的运动项目，如轮椅篮球或游泳；为老年人设计低强度的健身活动，如太极拳或步行；为儿童提供富有趣味和挑战的游戏活动，如攀爬或跳房子。这些方案不仅有助于提升特殊人群的身体健康，还能增强他们的自信心和生活质量。通过提供多样化的体育活动方案，确保每个人都能找到适合自己的体育活动。

建立反馈机制是提升公共体育服务质量的重要手段。通过定期收集特殊人群的意见和建议，可以不断调整和改进服务内容，以更好地满足他们的需求。这种互动机制不仅有助于提高服务的适应性和灵活性，还能增强特殊人群的参与感和满意度。反馈机制的建立需要考虑便捷性和保密性，确保参与者能够自由表达他们的看法而不受约束，从而为服务的持续优化提供可靠依据。

对服务人员进行专业培训，提升他们的专业素养和对特殊人群的理解，确保服务专业性和人性化，是提升服务质量的基础。培训内容应包括特殊人群的身体和心理特征知识、适宜的体育活动设计、沟通技巧等。通过系统的培训，服务人员能够更好地理解和响应特殊人群的需求，提供更为优质的服务。这不仅有助于提升公共体育服务的整体水平，还能促进特殊人群的全面发展。

第二节　公共体育服务的主要功能

一、增强全民体质

(一)健身设施普及

健身设施的普及是增强全民体质的重要基础。随着社会的发展和居民健康意识的提高,健身设施的需求日益增加。为了满足这一需求,健身设施的布局必须充足且合理。合理的布局不仅能提高设施的使用率,还能最大限度地便利居民的日常使用。具体而言,设施应分布在居民聚集区,如公园、社区中心和学校附近,确保居民在步行可达的范围内就能找到合适的健身场所。

健身设施的安全性和使用效率直接影响居民的锻炼体验,因此,定期的维护和更新显得尤为重要。设施的老化和损坏不仅可能带来安全隐患,还可能降低居民的使用意愿。为此,相关部门应制订详细的维护计划,定期检查和维修设施,及时更新老旧设备,以确保设施始终处于良好的使用状态。这不仅能提升居民的锻炼体验,还能有效延长设施的使用寿命。

健身设施的多样化布局是满足不同年龄段和身体条件人群需求的关键。通过政府和社会组织的合作,可以推动健身设施的多样化发展。比如,为老年人提供低强度的健身器材,为青少年提供富有挑战性的运动设施等。这样的多样化建设不仅能吸引更多的居民参与到锻炼中来,还能有效提高全民的健康水平,进而实现增强全民体质的目标。

为了充分发挥健身设施的作用,加强对其使用的宣传与教育是必不可少的。许多居民对社区内健身设施的存在和使用方法了解甚少,这在一定程度上限制了设施的使用率。通过多种渠道,如社区公告、社交媒体和健康讲座等,提高居民对健身设施的认知度,可以鼓励更多人参与日常锻炼活动。这不仅有助于提高设施的使用效率,还能推动全民健身运动的深入开展,最终实现增强全民体质的目标。

(二)健康教育推广

健康教育推广在公共体育服务体系中扮演着至关重要的角色,其主要目的是通过多种途径向公众传播健康知识,提升全民健康素养。健康教育的内容应涵盖运动基础知识、营养饮食指导以及心理健康常识等多个方面，帮助公众全面理解健康的重要性。运动基础知识的普及可以帮助人们科学地进行体育锻炼，避免因运动不当而造成的损伤；营养饮食指导则有助于人们合理搭配膳食，保持良好的身体状态；而心理健康常识的传播可以帮助公众应对生活中的压力，保持积极的心理状态。通过这些内容的推广，健康教育能够在提升全民体质方面发挥重要作用。

为了提高健康教育的效果，公共体育服务体系应积极组织各类健康讲座、工作坊和社区活动。这些活动不仅可以提高居民对健康教育的参与感，还能够营造良好的社区健康氛围。在健康讲座中，专业的健康教育工作者可以为公众提供权威的健康知识，解答他们在日常生活中遇到的健康问题；而在工作坊和社区活动中，居民可以通过互动和体验的方式，更深入地理解和掌握健康知识。这种参与式的健康教育方式不仅能够提高居民的健康素养，还能增强社区凝聚力。

现代科技的快速发展为健康教育推广提供了新的手段。利用手机应用和在线课程等现代科技手段，可以将健康教育资源更加便捷地传递给公众。手机应用可以提供个性化的健康建议和运动指导，帮助用户随时随地获取健康信息；在线课程则可以通过生动的多媒体内容，吸引公众的注意力，增强学习效果。这些科技手段不仅拓展了健康教育的覆盖面，还提高了教育的灵活性和便利性，使公众能够根据自身的时间和需求，自主安排学习计划。

二、促进社会和谐

(一)和谐邻里关系

社区体育活动还在促进邻里关系方面发挥着不可替代的作用。通过共同参与体育活动，居民之间的互动与合作得到增强，邻里之间的关系更加紧密。活动中，居民们在相互支持和协作中建立起信任与友谊，社区凝聚力因此得到提升。这种积极的社会氛围有助于减少社区内的矛盾和冲突，形成和谐的社区环境，为社会稳定奠定基础。

(二)公平体育机会

公平体育机会是公共体育服务体系的重要组成部分，其核心在于确保所有社会成员都能平等地参与体育活动。公共体育服务的资源配置应当公平，特别是要优先满足经济欠发达地区和弱势群体的体育需求。这不仅是社会公平的体现,也是提升这些群体参与体育活动机会的关键。通过合理的资源分配和政策倾斜,可以有效地缩小不同地区和群体之间的体育参与差距,促进社会的整体和谐。

为了实现公平体育机会,必须建立多元化的体育活动平台。这样的平台应当鼓励不同年龄、性别和身体条件的人群积极参与体育活动,确保每个人都能找到适合自己的体育项目。这种多元化的参与方式不仅能满足个体的体育需求,还能促进社会成员之间的相互理解与合作,增强社会凝聚力。通过多样化的体育活动,公共体育服务体系能够更好地适应社会多元化发展的需求。

政策支持和资金投入是保障公平体育机会的重要手段。政府应通过制定和实施相关政策,确保各类体育设施的建设与维护,使不同地区的居民都能平等享有公共体育资源。资金投入的重点应放在基础设施的完善和服务质量的提升上,以便为所有社会成员提供高质量的体育服务。这不仅有助于提升居民的生活质量,还能增强他们对体育活动的参与热情。

三、推动经济发展

(一)发展体育产业

体育产业作为推动经济发展的重要引擎,近年来展现出强劲的增长势头。其多元化发展涵盖健身、赛事、器材制造等多个领域,不仅满足了人民日益增长的体育需求,也为经济增长提供了新的动力源泉。通过举办大型体育赛事,不仅可以直接带动相关产业的消费,还能通过赛事传播效应提升城市知名度和旅游吸引力,从而间接促进经济发展和就业机会的增加。

在体育产业的多元化发展过程中,体育与其他产业的深度融合尤为显著。这种融合不仅体现在体育与旅游产业的结合,通过开发体育旅游产品和线路,吸引大量游客参与体验;还体现在体育与文化、科技等产业的协同效应上。通过文化活动和科技创新的介入,体育产业成为新的经济增长点,进一步促进区域经济的发展。例如,体育赛事的直播和转播技术的进步,不仅提升了观众的体验,也带动了相关科技产业的发展。

政策支持和资金投入是体育产业发展的重要保障。政府通过制定相关政策,鼓励体育企业进行创新和技术研发,以提高其产业竞争力和市场活力。具体措施包括税收优惠、专项资金支持、创新项目补贴等,这些政策的实施能有效地激励企业在产品和服务上的创新,推动了整个行业的进步。此外,政府还可通过投资建设体育基础设施，进一步推动体育产业的发展。

体育产业的国际化发展趋势明显，通过吸引外资和引进技术，国内体育产业的整体水平和影响力得到了显著提升。国际体育品牌进入国内市场，不仅带来了先进的管理经验和技术，还推动了国内体育企业的转型升级。通过与国际企业的合作，国内体育企业在产品质量、市场营销等方面都取得了长足的进步，进一步推动了体育产业的整体发展。

（二）促进体育旅游

体育旅游作为一种新兴的旅游形式，将旅游与体育活动融合在一起，能够吸引大量的游客，促进地方经济的发展。体育旅游不仅仅是简单的旅游和体育活动的结合体，它更是通过体育赛事、体育文化和旅游资源的深度融合，形成具有吸引力的旅游产品。近年来，随着人们生活水平的提高和对健康生活方式的追求，体育旅游逐渐成为旅游市场中的一大亮点。通过体育旅游的开发，地方政府和相关企业能够吸引更多的游客，增加旅游收入，同时也为当地居民提供了更多的就业机会和经济收益。

通过举办各类体育赛事和活动，提升目的地的知名度，吸引国内外游客参与，从而带动相关产业的发展，如酒店、餐饮和交通等。大型体育赛事，如马拉松、铁人三项以及各类国际体育比赛，往往能够吸引大量的观众和参与者。这些赛事不仅能够直接带来门票收入，还能通过游客的食宿、购物、交通等消费，间接拉动地方经济的增长。此外，体育赛事的媒体报道和宣传效应，也为旅游目的地提升了知名度，进一步增强了吸引力。

体育旅游为地方提供了丰富的文化展示平台，能够通过特色体育活动展示地方文化，增强游客的文化体验和认同感。体育旅游不仅是体育活动的体验，更是文化的传播和交流。通过体育旅游，地方可以充分展示其独特的文化魅力，如民族传统体育项目、地方特色体育活动等。这些活动不仅丰富了旅游产品的内容，也让游客在参与体育活动的同时，深入了解和体验当地的文化，增强了旅游的吸引力和游客的满意度。

四、提升文化素养

（一）传播体育文化

体育文化的传播在公共体育服务体系中扮演着重要角色，通过多种形式的传播途径，提升公众的体育文化素养。体育文化传播的首要方式是通过组织各类体育赛事和活动。这些活动不仅吸引了大量参与者和观众，还通过现场体验和互动，激发了公众对体育的关注度和参与热情。随着全民健身意识的增强，体育赛事成了促进社会互动和增进人际交流的重要平台。通过这种方式，体育文化不仅在活动中得以传承和发扬，还在公众的日常生活中得到了广泛的普及。

媒体宣传和社交平台在体育文化传播中也发挥着不可或缺的作用。通过电视、广播、报纸等传统媒体，以及微博、微信、抖音等新兴社交平台，体育文化和理念得以广泛传播。这种传播方式不仅使体育文化的影响力不断扩大，还增强了社会对体育的认同感与归属感。在信息化时代，体育文化的传播不再受地域和时间的限制，而是通过网络的力量实现了全球化的传播，促进了不同文化之间的交流与融合。

在学校教育中融入体育文化教育是提升学生文化素养的重要途径。通过体育课程的设置，学生不仅能够学习到体育技能，还能够在体育活动中培养团队精神和竞争意识。这种教育方式不仅促进了青少年对体育的兴趣和参与，还在无形中培养了他们的领导能力和合作精神。体育文化教育的普及，使学生在成长过程中能够更好地理解和践行体育精神，为他们的全面发展奠定了坚实的基础。

社区活动和文化节庆为体育文化的传播提供了丰富的场景。通过组织传统体育项目的展示与推广，社区能够有效地促进地方文化的传承和发展。在这些活动中，居民不仅能够体验到传统体育项目的魅力，还能够增强对体育文化的认同和自信。这种文化自信的增强，不仅有助于提升居民的文化素养，还促进了社区的和谐与稳定发展。

（二）弘扬体育精神

弘扬体育精神在公共体育服务体系中扮演着至关重要的角色。体育精神包括拼搏、团结和公平竞争，能够激励个体在体育活动中追求卓越，增强参与者的自我价值感与成就感。这不仅仅体现在竞技场上，更融入日常生活中，成为人们行为准则的一部分。通过体育精神的实践，个体不仅能在体能上得到锻炼，也能在精神层面获得成长，形成积极向上的人生态度。

宣传和教育是塑造积极体育精神的重要手段。通过多渠道的宣传活动，体育精神的理念可以更广泛地传播到社会的各个层面。教育机构在这一过程中发挥着重要作用，它们通过课程设置和课外活动，向学生传递体育精神的内涵与意义。

鼓励公众在日常生活中践行体育精神，这不仅能提升个人的道德修养，还能促进社会整体道德水平的提升。在这样的氛围中，体育精神成为社会发展的推动力量，影响着人们的日常行为和价值取向。

体育精神的弘扬有助于增强社会责任感，这是公共体育服务体系的重要目标之一。在参与体育活动的过程中，个体不仅关注自身的表现，更开始关注他人的需求，学会在团队中合作与分享。这种责任感的培养，使个体在体育活动之外，也能主动回馈社会，关注社会问题，参与公益活动，形成良好的社会风尚。这种从体育活动延伸到社会责任的意识提升，是公共体育服务体系对社会的深远影响。

第三节　公共体育服务体系的构成要素

一、社区体育组织

社区体育活动的定期举办是增强居民参与习惯的重要策略。通过建立固定的活动日程，可以逐渐形成稳定的体育文化氛围。这不仅有助于提高居民的身体素质，也能促进邻里之间的互动与交流。在活动的安排上，需要考虑到居民的日常生活节奏，选择合适的时间和地点，以便最大化地吸引居民参与。此外，定期的活动还能提升社区的整体活力和凝聚力。

为了满足不同年龄段和身体条件居民的参与需求，社区体育活动应涵盖多种形式。竞赛、健身课程和趣味运动会等多样化的活动形式能够吸引更多居民参与。不同的活动形式可以满足居民的不同兴趣和需求，使每位居民都能找到适合自己的活动项目。这种多样化的活动安排不仅能提高居民的参与积极性，还能促进社区内不同人群之间的交流与互动。

社区体育活动的宣传是提升活动知名度和参与热情的关键。利用多种渠道进行宣传，如社区公告栏、社交媒体和线下宣传，可以有效提高活动的曝光率。不同的宣传渠道可以覆盖到不同的居民群体，确保信息的广泛传播。通过有效的宣传，居民能够及时了解活动信息，激发参与兴趣，从而提升活动的整体效果。

二、体育设施的规划与管理

(一)设施选址与布局

体育设施的选址与布局在公共体育服务体系中扮演着重要角色，其合理性直接影响居民的体育参与度和生活质量。设施选址应充分考虑人口密度和分布，尤其是在高密度人口区域内，设置更多的健身场所，以便更广泛地服务居民。这不仅能提升居民的健康水平，也有助于均衡城市资源的分配。在选址过程中，需重点关注高密度居住区，确保这些地区的居民能够便捷地使用体育设施，从而提高公共体育服务的覆盖率。

设施布局的规划离不开交通便利性的考量。便捷的交通条件能够显著提升居民前往体育设施的意愿和频率。通过合理的交通规划，确保体育设施与公共交通网络的无缝衔接，从而降低居民的出行成本和时间成本。这样的布局不仅能提高设施的利用率，还能通过提高居民的体育活动频率，进一步推动全民健身运动的普及和发展。因此，交通因素在设施布局中占据不可或缺的地位。

在设施选址时，需充分考虑不同年龄段和身体条件人群的需求。儿童、老年人及残疾人等特殊群体的体育需求不容忽视。在规划过程中，应设置专用健身设施，以满足这些群体的特定需求，体现公共体育服务的包容性和公平性。通过提供多样化的设施，确保每一位居民都能在体育活动中找到适合自己的方式，增强其参与感和幸福感。同时，这也体现了公共体育服务体系的社会责任和人文关怀。

设施布局的设计应注重环境友好型原则，结合自然景观和绿化，不仅提升了体育设施的使用体验，还能改善社区的整体美观度。通过将体育设施与周边自然环境有机结合，创造出和谐的生态氛围，提升居民的生活质量。这样的设计不仅有助于提高设施的吸引力，也能促进居民与自然的亲密接触，增强其环境保护意识和生态文明理念。

（二）设施维护与更新

体育设施的维护与更新是公共体育服务体系中至关重要的一环。定期对体育设施进行安全检查，不仅可以确保其符合使用标准，还能及时发现和排除潜在的安全隐患。这一过程需要严格遵循相关的安全规程和操作标准，以防止因设施老化或损坏而导致的意外事故发生。安全检查的频率和深度应根据设施的使用频率和环境条件进行调整，以达到最佳的维护效果。这种主动的安全管理策略，不仅保障了使用者的安全，也延长了设施的使用寿命，提高了资源的利用效率。

建立设施维护的预算体系是确保体育设施高效运作的基础。合理配置资金用于设施的日常维护和必要的更新，可以有效地保障服务质量。预算体系的建立需要综合考虑设施的使用情况、维护成本以及未来的更新需求。通过科学的财务规划，能够在有限的资源下实现最大化的服务效益。此外，透明的预算管理也有助于提升公共体育服务的公信力，使资金的使用更加公开和透明。

引入专业的管理团队负责设施的维护和更新工作，是提升管理水平和服务效率的有效途径。专业团队具备丰富的技术经验和管理能力，能够根据设施的具体需求制定相应的维护计划和更新方案。他们不仅能够及时响应维护需求，还可以通过数据分析和预测，提前做好设施更新的准备工作。专业化管理的引入，不仅提高了设施的使用效率，还能降低长期的维护成本，为公共体育服务的可持续发展提供保障。

鼓励社区居民参与设施的维护与管理，是增强居民责任感和归属感的重要手段。通过组织志愿者活动，居民可以直接参与到设施的日常维护中，这不仅提升了设施管理的效率，也促进了社区的凝聚力。居民的参与还可以为设施的管理带来新的视角和建议，帮助管理团队更好地了解使用者的需求和期望。这种合作模式不仅有助于设施的良性运作，也为社区营造了积极的参与氛围。

（三）设施使用的优化

体育设施使用的优化是公共体育服务体系中至关重要的一部分。合理的设施使用不仅能够提升资源的利用效率，还能极大地改善用户的体验。通过制定健身设施使用的预约制度，可以有效地确保高峰时段内资源的合理分配。预约制度的实施能够避免设施的过度拥挤，进而提升用户的体验满意度。在高峰时段，设施的使用往往面临着供不应求的压力，通过预约制度，可以更科学地分配和调控资源，确保每位用户都能在合理的时间内享受到设施的服务。这种制度不仅有助于缓解资源紧张的局面，还能提高设施的使用效率和用户的满意度。

引入智能管理系统是优化设施使用的另一重要手段。通过数据分析，管理者能够清晰地了解设施的使用频率和用户的偏好，从而在设施配置和活动安排上做出更为科学的调整。智能系统能够提供实时的数据反馈，帮助管理者识别使用高峰和低谷，进而优化开放时间和资源配置。这种基于数据驱动的管理模式，不仅能够提高设施的利用率，还能提升用户的整体体验。通过智能系统的辅助，管理者可以更好地满足公众的多样化需求，促进公共体育服务体系的可持续发展。

定期开展用户满意度调查是提升设施使用效果的重要策略之一。通过收集使用者的反馈和建议，管理者可以及时调整设施和服务，以更好地满足公众需求。用户满意度调查不仅能够提供直接的用户反馈，还能揭示出潜在的问题和改进的方向。管理者通过分析这些反馈，可以在设施的维护、服务质量以及活动安排上进行针对性的改进。这种自下而上的反馈机制，有助于增强公众对公共体育服务的信任和支持，形成良性互动的服务环境。

组织社区活动是提升公众对健身设施认知和参与热情的有效方式。通过社区活动的宣传与推广，居民能够更好地了解和利用身边的体育设施。社区活动不仅能够活跃社区氛围，还能促进居民的社交互动，增强社区凝聚力。在活动中，居民可以体验到设施的多样化功能，激发对健身的兴趣和热情。这种参与式的活动模式，不仅能提高设施的使用率，还能促进全民健身意识的普及，为公共体育服务体系的发展注入活力。

三、公共体育服务的资金来源与分配

（一）政府财政支持

政府财政支持是在公共体育服务体系的主要资金来源。政府应设立专项资金，以支持公共体育服务设施的建设与维护。这不仅有助于确保基础设施的完善与安全，还能为公众提供更加优质的体育服务体验。通过制定合理的财政政策，政府可以有效地引导资源的分配，使其更好地服务于公共体育的发展需求。

政府在财政支持方面还需通过财政预算的合理安排，定期评估公共体育服务的资金需求。这种评估应以科学的数据分析为基础，以确保财政支持能够及时、准确地满足公共体育服务的实际需要。根据评估结果，政府可以灵活调整财政支持的规模与方向，从而提高资金使用的效率和效果。这样的动态调整机制能够为公共体育服务的可持续发展提供坚实的保障。

税收优惠政策是政府鼓励企业和社会组织参与公共体育服务资金投入的重要手段。通过这些政策，政府可以激励更多的社会资本流入公共体育领域，形成多元化的资金来源。这不仅能减轻政府财政的压力，还能促进社会各界对公共体育服务的关注和支持。多元化的资金来源有助于推动公共体育服务的创新与发展，提升整体服务水平。

建立公共体育服务的资金使用透明机制，对于确保资金分配和使用的公正性至关重要。通过公开透明的资金管理，政府可以增强公众对财政支持的信任。透明机制不仅包括资金流向的公开，还应涉及使用效果的评估和反馈。这种机制能够有效防止资金的浪费和滥用，确保每一分钱都用在刀刃上，真正惠及广大公众。

政府应与社会各界建立合作机制，共同筹集资金，推动公共体育服务项目的实施与发展。通过与企业、非政府组织等的合作，政府可以实现资源的有效整合和利用。这种合作不仅能带来资金的支持，还能引入先进的管理理念和技术，提升公共体育服务的整体水平。

（二）社会资本的引入

社会资本的引入是公共体育服务体系资金来源的另一个重要途径。通过引入社会资本，公共体育服务能够实现多元化发展，激发企业和社会组织的积极性，使其参与到设施建设和活动组织中。这种合作不仅能够形成互利共赢的局面，还能在很大程度上提升公共体育服务的整体质量与覆盖范围。社会资本的参与为公共体育服务注入了新的活力，使其能够更好地满足公众日益增长的体育需求。

在现代公共体育服务体系中，公私合营（PPP）模式作为一种有效的机制，能够吸引社会资本的广泛参与。通过这种模式，政府可以将部分公共体育项目交由社会资本来运营和管理，从而减轻财政压力。同时，社会资本的介入也有助于提高资源的使用效率，确保公共体育设施的高效运作。这一模式的成功实施不仅需要政府的政策支持，还需要社会资本的积极响应与配合。

设立体育基金是吸引社会资本投资公共体育服务的另一有效途径。通过提供税收优惠和政策支持，政府可以激励更多的投资者将资金投入到公共体育领域。这种方式不仅能够扩大公共体育服务的资金来源，还能推动体育项目的创新与发展。体育基金的设立为社会资本提供了一个稳定的投资平台，使其能够在实现经济收益的同时，履行社会责任。

建立社区体育发展联盟也是促进社会资本与社区组织合作的重要方式。通过这种联盟，社会资本能够更直接地参与到社区体育服务的实施与创新中。社区体育发展联盟不仅能够增强社会资本的参与度，还能为其提供一个展示社会责任的平台。在这种合作模式下，社会资本和社区组织可以共同推动公共体育服务的可持续发展。

（三）资金使用的透明化

资金使用的透明化是公共体育服务体系的原则。透明化不仅可以提高资金使用的效率，还能增强公众对公共体育服务的信任度。为了实现这一目标，建立公开透明的资金使用报告制度至关重要。通过定期向公众发布资金使用情况，确保公众能够随时了解资金的流向和使用效果，这一措施不仅是对公共资源的合理利用，更是对公众知情权的尊重。报告制度的实施需要明确的时间表和责任人，以保证信息的及时性和准确性，从而为公众提供可靠的信息来源。

设立独立的审计机构是确保公共体育服务资金使用合规性和有效性的重要手段。独立审计机构的存在可以有效避免内部监督的局限性，提供客观、公正的审计结果。通过定期审计，审计机构能够识别资金使用过程中的潜在问题和风险，并提出改进建议，增强公众对资金使用的信任。此外，审计结果应当公开发布，以便公众了解资金使用的合规性和有效性，从而提高公共体育服务体系的透明度和公信力。

信息技术的发展为资金使用的透明化提供了新的路径。利用信息技术平台，建立资金使用在线查询系统，可以让公众实时查询和跟踪公共体育服务的资金使用情况。这种透明化措施不仅提高了资金使用的效率，还增强了公众的参与感和监督力度。在线查询系统的设计应当注重用户体验，确保信息的易获取性和准确性，同时保障用户的隐私和数据安全，以便公众能够放心使用这一平台。

公众参与的资金使用评估活动是提升资金使用透明度的重要举措。通过鼓励社区居民和利益相关者对资金使用情况进行反馈，可以实现资金使用的社会监督。这种评估活动不仅能提高资金使用的合理性和公正性，还能促进公共体育服务体系的民主化进程。为了确保评估活动的有效性，相关部门应当提供必要的支持和资源，鼓励多元化的参与形式，确保不同群体的声音能够被听到和重视。

四、公共体育服务的人力资源配置

(一)专业人才的培养

公共体育服务体系的有效运作依赖于高素质的专业人才。专业人才的培养不仅是提升公共体育服务质量的关键，也是推动体育事业发展的重要基础。建立系统化的专业人才培养体系至关重要，这一体系需要明确培养目标和课程设置，以满足公共体育服务的多样化需求。通过科学合理的课程设计，可以确保受训者不仅具备扎实的理论知识，还具备应对实际工作挑战的能力。课程设置应涵盖体育管理、体育教育、健康促进等多个领域，以培养全面发展的体育专业人才。

与高等院校和职业培训机构的合作是提升人才实际操作能力的重要途径。通过这种合作，可以推动体育专业课程与公共体育服务实践的有机结合，使学生在学习过程中获得实践经验。高等院校可以通过开设公共体育服务相关的实习项目，帮助学生在真实的工作环境中锻炼技能。同时，职业培训机构可以提供针对在职人员的继续教育课程，帮助他们更新知识、提高技能，以适应不断变化的公共体育服务需求。

定期组织专业培训和研讨会是提高从业人员专业素养的有效手段。这些活动可以邀请行业专家分享最新的公共体育服务理念和实践经验，帮助从业人员开阔视野、更新观念。通过参与培训和研讨会，从业人员可以了解国内外公共体育服务的最新发展动态，学习先进的管理和服务方法，从而提高自身的专业水平和服务能力。

建立人才评价和激励机制对于公共体育服务领域的人才稳定和发展具有重要意义。通过考核、晋升和奖励等方式，可以激励优秀人才留在公共体育服务领域，增强团队的稳定性。人才评价机制应注重从业人员的综合素质和实际贡献，激励机制则应多样化，包括物质奖励和精神奖励，以满足不同人才的需求，激发他们的工作积极性和创造力。

(二)志愿者的招募与培训

公共体育服务体系的有效运作离不开志愿者的支持。志愿者的招募与培训是提升公共体育服务质量的重要环节。多样化的志愿者招募渠道可以为公共体育服务注入新鲜血液。社区公告是传统而有效的方式，能够直接接触到有意参与社区活动的居民。社交媒体则通过其广泛的传播力和互动性，吸引年轻志愿者的参与。此外，与学校合作，不仅能吸引学生参与，还能将体育服务与教育有机结合，促进学生在实践中成长。通过这些多样化的渠道，公共体育服务能够吸引到来自不同背景的志愿者，为服务注入多样性和活力。

为了确保志愿者在参与公共体育服务时具备必要的专业能力，建立系统的志愿者培训计划显得尤为重要。培训内容应包括运动知识的普及，使志愿者能够更好地理解体育活动的核心理念和健康益处。此外，组织技能的培训可以帮助志愿者在活动中更高效地协调与配合，提升活动的整体质量。服务意识的培养则是为了增强志愿者的责任感和服务精神，使其在服务过程中能够展现出良好的职业素养和服务态度。这一系列的培训不仅提高了志愿者的个人能力，也为公共体育服务的专业化发展奠定了基础。

志愿者的积极性和参与感直接影响其服务的质量和持续性。设立志愿者激励机制是增强其积极性的重要手段。通过奖励和表彰，志愿者的贡献得到认可，这种正向反馈能够有效激励志愿者持续参与。此外，提供参与大型活动的机会，不仅能满足志愿者的成就感，还能提升其服务体验。这些激励措施在增强志愿者归属感的同时，也能激发他们的内在动力，促进公共体育服务的可持续发展。

志愿者管理系统的建立是确保志愿者与组织之间沟通顺畅的关键。有效的信息管理和沟通机制能使志愿者及时了解活动安排和组织需求，避免信息不对称导致的服务低效。通过现代化的管理系统，组织可以对志愿者进行科学的配置和调度，提高服务效率。此外，系统化的管理也有助于志愿者个人成长记录的积累，为其未来的发展提供有力支持。

（三）人力资源的合理调配

人力资源的合理调配是公共体育服务体系构建中的关键环节。有效的人力资源配置不仅能够提升服务质量，还能确保服务的连续性和稳定性。建立人力资源信息管理系统，能够实时跟踪和分析人力资源的使用情况，这对于科学合理的人员调配至关重要。通过信息化手段，管理者可以全面掌握人力资源的分布和使用效率，从而在资源紧缺或需求变化时快速做出调整。信息管理系统的应用不仅提高了人力资源管理的精细化水平，也为公共体育服务体系的高效运作提供了有力支撑。

根据公共体育服务的需求变化，定期评估和调整人力资源配置是确保人力资源有效利用的重要策略。在公共体育服务过程中，需求的变化是常态，为此，必须建立动态评估机制，定期对人力资源配置进行分析和调整，以适应不断变化的服务需求。通过定期评估，可以发现资源配置中的不足之处，并及时进行调整，以提升服务质量和效率。这一过程不仅需要管理者的敏锐洞察力，还需要科学的数据分析方法，以确保调整的合理性和有效性。

制定灵活的人力资源调配机制，是应对突发事件或特殊活动需求的必要举措。公共体育服务常常面临突发事件或特殊活动的挑战，这就要求人力资源调配机制具有足够的灵活性和反应速度。灵活的调配机制能够在短时间内调动适当的人力资源，以满足突发需求，确保服务的连续性和稳定性。这种机制的建立，需要在平时就做好充分的准备，包括人员的多技能培训和预案的制订，以便在紧急情况下迅速响应。

加强跨部门协作，促进不同领域专业人才的交流与合作，是优化人力资源配置的重要途径。公共体育服务涉及多个领域和部门，跨部门协作能够打破传统的部门壁垒，促进资源的共享和人才的交流。通过协作，不同领域的专业人才可以互相学习和借鉴，优化人力资源配置，提高服务的综合效益。跨部门协作不仅可以提高资源利用效率，还能为公共体育服务注入新的活力和创新动力。

第二章　公共体育服务体系的构建原则、目标及任务

第一节　公共体育服务体系的构建原则

一、公平性原则

（一）资源分配均衡

资源分配均衡是构建公平性原则的核心要素。公共体育服务体系的资源分配需要在全国范围内实现均衡，以确保每个地区的居民都能平等享有体育设施和服务。当前，经济发达地区往往拥有更为丰富的体育资源，而经济欠发达地区则面临资源匮乏的问题。为此，必须确保各地区公共体育设施的建设和维护资金能够公平分配，避免资源过度集中于经济发达地区。这不仅是实现社会公平的重要举措，也是推动全民健身、提高国民体质的基础。

建立科学的资源评估机制是实现资源分配均衡的关键。通过对各地区的人口密度、体育需求、经济水平等因素进行科学评估，政府可以合理配置公共体育资源，确保资源的分配符合实际需求。例如，人口密集的城市地区可能需要更多的体育场馆，而农村地区则可能需要更多的基础体育设施。通过精确的数据分析和评估，可以有效避免资源浪费和不平衡分配的问题，提高公共体育服务的整体效率。

推动社区层面的体育活动是实现资源分配均衡的重要手段之一。通过鼓励地方政府和社会组织共同参与，公共体育资源可以更好地渗透到社区中，增强其可及性和使用效率。社区体育活动不仅能提高居民的参与度，还能促进社会和谐和健康生活方式的形成。地方政府在这一过程中起着重要的引导作用，通过政策支持和资金投入，激励社区组织和居民积极参与体育活动。

（二）机会平等保障

在构建公共体育服务体系的过程中，机会平等保障是实现公平性原则的核心要素之一。为了确保所有人群，特别是弱势群体，能够平等参与各类体育活动，享

受公共体育服务，制定明确的政策法规显得尤为重要。这些政策法规不仅是制度保障的体现，也是社会公平正义的具体应用。通过政策的引导和保障，可以有效地消除参与公共体育服务的障碍，使各类人群，尤其是经济困难者、边远地区人民和其他弱势群体，能够在同一起跑线上参与体育活动。

建设无障碍的公共体育设施是实现机会平等保障的另一重要措施。无障碍设施的建设不仅仅是对残疾人、老年人等特殊群体的关怀，更是对全社会成员体育参与权利的尊重和保障。这种设施的普及可以极大地提升特殊群体参与体育活动的便利性和积极性，使他们在参与体育活动中不仅能锻炼身体，还能享受体育带来的乐趣和社交机会。无障碍设施的建设需要政府、社会组织及企业的共同努力，以确保资源的合理配置和利用。

多样化的体育项目和活动是满足不同年龄、性别和兴趣爱好的群体需求的关键。通过开展丰富多彩的体育活动，可以激发不同人群对体育的兴趣和热情，进而促进全民健身的实现。这不仅有助于提升国民的身体素质和健康水平，还能增强社会的凝聚力和活力。在设计和实施这些项目时，需要充分考虑各群体的特点和需求，确保体育活动的广泛参与性和趣味性。

二、可持续发展原则

（一）环境友好措施

在公共体育服务体系的构建中，环境友好措施是实现可持续发展的重要组成部分。推动绿色建筑标准在公共体育设施建设中的应用，已成为全球范围内的共识。这不仅体现在新建场馆环保材料和节能技术的运用上，还包括在设计和施工过程中对环境的全面考量。通过采用高效节能的建筑设计和施工方法，可以有效减少对环境的负面影响。这些措施不仅有助于降低建筑的碳足迹，还能在长期运营中减少能耗，从而实现经济和环境效益的双赢。

鼓励公共体育设施的可再生能源利用，尤其是太阳能和风能的应用，是环境友好措施的另一重要方面。随着技术的进步，太阳能板和风力发电机的成本逐渐降低，使它们在公共体育设施中的应用更具可行性。通过安装太阳能板和风力发电设备，公共体育设施可以部分甚至完全实现自给自足的能源供给。这不仅能显著降低运营成本，还能减少碳排放，符合全球节能减排的趋势，推动公共体育服务体系向绿色、低碳的方向发展。

实施雨水收集和回用系统是优化水资源管理的重要手段。公共体育设施通常占地面积较大,具备良好的雨水收集条件。通过科学规划和技术手段,将雨水收集起来并进行处理,可以用于场馆的绿化、清洁和冲厕等非饮用水用途。这一措施不仅提高了水资源的利用效率,还减少了对市政供水的依赖,降低了水资源浪费,体现了公共体育服务体系在资源管理上的可持续发展理念。

(二)长期规划

在公共体育服务体系的构建中,长期规划策略是实现可持续发展的关键。制定中长期公共体育设施建设规划,是确保资源有效利用和合理配置的基础。通过明确各阶段的目标和实施步骤,政府和相关机构能够在资源分配和设施建设上做出更加科学的决策。这种规划不仅要考虑当前的社会需求,还需预见未来的发展趋势,以便为公共体育服务的长远发展奠定坚实的基础。通过合理的规划,公共体育设施可以最大限度地满足不同人群的需求,促进全民健身运动的普及和发展。

建立动态评估机制是长期规划策略中不可或缺的一部分。通过定期对公共体育服务的实施效果进行评估和反馈,相关部门能够及时发现问题并调整策略,以适应社会需求的变化。动态评估机制不仅可以帮助识别当前服务中的不足,还能为未来的发展提供数据支持和决策依据。通过这种机制,公共体育服务体系可以保持灵活性和适应性,从而更好地应对社会环境的变化和人民群众日益增长的体育需求。

加强与教育、卫生等部门的协同合作,是推动公共体育服务全面发展的重要措施。跨部门的资源整合能够有效提升服务的覆盖面和影响力,从而实现全民健身的目标。通过与教育部门的合作,可以将体育锻炼融入学校教育中,培养学生的体育兴趣和习惯;与卫生部门的合作,则有助于提高公众的健康意识和身体素质。通过这种协同合作,公共体育服务体系能够形成合力,推动社会健康水平的整体提升。

三、社会参与原则

(一)多元主体协作

多元主体协作是公共体育服务体系构建中的重要原则。通过建立政府、企业和社会组织的合作机制，可以有效地促进资源的共享与整合。政府作为公共服务的主要提供者，拥有政策制定和资源调配的优势，而企业则具备资金和技术创新的能力，社会组织则在社区动员和服务提供方面具有独特的优势。通过三者的合作，可以形成合力，推动公共体育服务的发展，确保资源的有效利用和服务的高效提供。这种合作机制不仅可以提升公共体育服务的质量，还能促进社会各界的共同参与与支持。

在公共体育服务的构建中，社区居民的参与至关重要。鼓励社区居民参与公共体育服务的决策与管理，不仅可以提升居民的参与感和责任感，还能增强服务的针对性和有效性。居民作为服务的直接受益者，对服务的需求和期望最为了解。通过广泛的居民参与，可以确保公共体育服务更好地满足社区的实际需求，提升服务的精准度和满意度。

推动高校、科研机构与公共体育服务的深度合作，是提升服务质量和管理水平的重要途径。高校和科研机构拥有丰富的专业知识和技术创新能力，通过与公共体育服务的合作，可以将最新的研究成果和技术应用于实践，提升服务的科学性和有效性。高校还可以通过培养专业人才，为公共体育服务输送新鲜血液，推动服务的持续发展。科研机构则可以通过开展相关研究，为服务的改进提供数据支持和理论依据。

定期开展公众意见征集活动，是了解群众需求和反馈的重要方式。这种活动不仅可以收集公众对公共体育服务的意见和建议，还能发现服务中的不足和改进方向。通过定期的意见征集，公共体育服务可以及时调整和优化服务内容和方式，确保服务的持续改进与优化。公众意见征集活动还可以增强公众对公共体育服务的关注和参与，促进服务的透明度和公信力。通过多元主体的协作与公众的积极参与，公共体育服务体系才能更好地适应社会发展的需要，满足人民群众的健康需求。

（二）公共意见征集

公共意见征集在公共体育服务体系的构建中具有重要意义。通过建立定期的公众意见调查机制，政府和相关部门可以更好地了解居民对公共体育服务的看法和建议。这一机制的实施可以通过问卷、访谈等多种形式进行，以便全面收集不同群体的意见和需求。这种定期的调查不仅可以帮助识别当前服务中的不足之处，还能为未来的发展提供数据支持和参考依据，从而使公共体育服务的供给更具针对性和有效性。

在现代社会中，社交媒体和在线平台的广泛应用为公共意见征集提供了新的途径。利用这些平台开展意见征集活动，可以有效扩大参与范围，鼓励更多居民表达对公共体育服务的需求。通过在线平台，居民可以在任何时间、任何地点方便地提交他们的意见和建议。这种灵活性不仅提高了居民参与的积极性，也使公共体育服务能够更及时地响应和调整，以满足不断变化的社会需求。

设立社区体育服务反馈渠道是确保居民意见能够被及时听取和回应的重要措施。通过这些反馈渠道，居民可以随时提出建议和意见，这不仅有助于公共体育服务的改进，也增强了居民对公共事务的参与感和责任感。有效的反馈机制可以促使公共体育服务体系更加透明和高效，确保服务能够及时调整以适应居民的实际需求和期望。

四、效率优先原则

（一）资源利用优化

公共体育服务体系的建设过程中，资源利用优化是提高整体效率的关键。资源利用优化不仅涉及物质资源的合理分配，还包括人力资源和信息资源的优化配置。通过合理的资源利用，公共体育服务体系可以在有限的资源条件下，最大化地满足公众的体育需求，提高公共服务的质量和效益。

建立公共体育设施资源共享平台，实现信息透明化，促进各类体育设施的高效利用与调配。共享平台的建设能够有效整合现有的体育设施资源，避免资源的重复建设和闲置浪费。通过信息透明化，公众可以方便地查询和预约使用体育设施，提高设施的使用效率。此外，信息共享平台还可以为政府和管理部门提供决策支持，帮助其更好地进行资源调配和管理。

优化公共体育服务的运营管理，采用信息技术手段提升服务效率，减少资源浪费。信息技术的应用，包括大数据、云计算和物联网等技术，可以帮助实现公共体育服务的智能化管理。通过对体育活动数据的收集和分析，管理部门可以准确把握公众的体育需求，优化服务流程，提升服务效率。同时，信息技术的应用也有助于减少资源浪费，实现资源的精细化管理。

制定科学的使用评价标准，定期评估公共体育设施的使用率和服务质量，及时调整资源配置策略。科学的使用评价标准是资源利用优化的重要保障。通过定期评估，管理部门可以掌握公共体育设施的使用情况，及时发现问题并进行调整。评价标准应包括设施的使用率、服务质量、用户满意度等多方面的指标，以全面反映设施的运营状况。根据评估结果，管理部门可以优化资源配置策略，提高资源利用效率。

（二）服务流程简化

在公共体育服务体系的构建中，服务流程简化是提高服务效率和用户满意度的关键。简化公共体育服务的申请流程，减少烦琐的手续和材料要求，是提升服务可及性和便利性的重要举措。通过简化流程，居民能够更轻松地获取所需服务，避免因复杂的手续而感到困扰。这一措施不仅节省了时间和精力，也在一定程度上降低了参与公共体育活动的门槛，使更多人能够享受到公共体育服务带来的健康和快乐。

采用在线预约和报名系统，是实现服务流程简化的有效手段。通过现代信息技术的应用，用户可以在家中或任何有网络连接的地方，方便快捷地获取服务信息和进行预约。这种方式不仅提升了参与率，还减少了传统线下预约过程中可能出现的拥堵和等待问题。在线系统的实施，使服务提供者能够更好地管理资源，合理安排活动时间和场地，进而提高公共体育服务的整体效率。

优化服务反馈机制是服务流程简化的重要组成部分。建立快速响应通道，确保居民的意见和建议能够及时得到处理和反馈，是增强服务透明度的关键。通过有效的反馈机制，服务提供者可以迅速了解用户的需求和期望，从而及时调整和改进服务内容。这种互动不仅提高了服务的质量，也增强了居民对公共体育服务的信任感，使他们更愿意参与到体育活动中来。

第二节　公共体育服务体系的发展目标

一、提高全民健康水平

（一）健康教育推广

在现代信息技术的支持下，健康教育推广可以通过线上线下相结合的方式进行。线上平台提供了便捷的健康知识讲座和培训，居民能够随时随地获取有价值的健康信息。这种方式不仅打破了时间和空间的限制，还能够通过互动形式增强居民的自我保健能力。线下活动则通过面对面的交流和互动，进一步巩固居民对健康知识的理解和应用能力。两者结合，形成了一个完整的健康教育体系，能够更有效地提高居民的健康素养。

社区作为居民日常生活的重要场所，可以充分利用其资源，组织健康主题的体育活动。这些活动不仅能够促进居民的参与和互动，还能增强他们的健康意识。通过社区活动，居民可以在轻松愉快的氛围中学习健康知识，体验健康生活方式的益处。在此过程中，社区不仅是活动的组织者，更是健康教育的推动者和支持者，有助于形成良好的健康文化氛围。

（二）全民健身计划制订

全民健身计划制订是提高全民健康水平的重要举措，其核心在于通过系统化的规划和实施，推动全民参与体育活动。制订全民健身活动的年度计划是该计划的基础环节。年度计划需要明确各类体育活动的时间、地点和参与方式，以确保活动的系统性和连续性。这不仅有助于合理配置资源，还能使公众提前安排时间参与体育活动，提高参与率和活动效果。年度计划的制订应综合考虑各地区的实际情况，包括季节变化、地域特色以及居民的体育需求等因素，以便制订出更具针对性和实效性的活动方案。

建立社区健身站点是全民健身计划的重要组成部分。社区健身站点的设立旨在为居民提供便捷的健身条件，尤其是在城市化进程加快的背景下，社区健身设施的普及显得尤为重要。多样化的健身器材和场地可以满足不同年龄段和身体状况居民的健身需求，鼓励更多的人在家门口参与体育锻炼。通过这种方式，可以有效提升居民的健身便利性，进而提高全民健身的参与度和频率。此外，社区健身站点的建设还应注重无障碍设计和绿色环保，以满足更多人群的使用需求。

组织定期的全民健身赛事和活动是提高全民健康水平的重要手段。这些赛事和活动不仅为居民提供了展示自我、挑战自我的平台，还能增强社区的凝聚力和体育文化氛围。通过赛事和活动，居民之间的互动和交流得到加强，有助于形成积极向上的社区文化。在组织过程中，应注重活动的多样性和趣味性，以吸引不同兴趣和能力的参与者。同时，赛事和活动的组织也需要专业的指导和管理，以确保活动的安全性和参与者的良好体验。

二、提升体育设施的可及性

（一）城市体育设施合理布局

城市体育设施的合理布局是提升公共体育服务可及性的关键因素。城市体育设施的布局不仅需要考虑到设施的数量和种类，还需关注其在城市中的空间分布，以确保各类设施能够合理分布，满足不同社区居民的需求。通过优化城市体育设施的空间布局，可以有效地提升体育服务的可及性，使更多居民能够便捷地参与到体育活动中。合理的设施布局能够促进体育资源的公平分配，避免因设施集中于某些区域而出现资源浪费和服务不均等问题。

优化城市体育设施的空间布局需要综合考虑多方面的因素。首先，应确保各类体育设施在城市中的分布合理，以满足不同社区的多样化需求。不同社区可能对体育设施有不同的需求，因此在规划时应充分考虑这些差异。其次，优化布局还需考虑到城市的发展规划和人口分布情况，以实现设施的长远可持续发展。通过科学的规划和合理的布局，可以有效提升城市体育设施的利用率，最大限度地发挥其服务功能。

加强对城市体育设施的交通连接设计是提升其可及性的另一个重要方面。交通连接的便利性直接影响居民对体育设施的使用频率和参与度。因此，在规划和建设城市体育设施时，应注重公共交通与体育设施的无缝对接。通过合理的交通设计，确保居民能够方便快捷地到达各类体育场馆，从而提高体育服务的可及性。结合城市公共交通网络的优化设计，可以有效降低居民参与体育活动的时间成本和出行障碍，促进全民健身目标的实现。

推动城市体育设施的多功能设计，不仅可以提升体育设施的使用效率，还能提高资源的利用率。多功能设计能够使单一设施承办多种体育活动，满足不同人群的运动需求，增加设施的使用频率。在进行多功能设计时，应充分考虑设施的结构特点和功能需求，确保其在满足多种活动的同时，仍能保持良好的使用体验和安全性。通过多功能设计，城市体育设施可以更好地适应不同季节和活动的变化，成为城市居民日常生活的一部分。

(二)农村体育设施建设

农村体育设施建设在公共体育服务体系中同样重要。当前，农村地区的体育设施往往面临数量不足、质量不高的问题，这直接影响了农村居民的体育活动参与度。因此，推动农村体育设施的建设与改造显得尤为重要。通过合理规划和科学设计，确保设施能够符合当地居民的使用需求，是提升农村地区体育活动参与度的关键。只有当设施与居民的实际需求相匹配，才能真正激发居民参与体育活动的热情，进而提高农村地区的整体健康水平。

在农村体育设施建设中，政府与社会资本的合作至关重要。通过引入市场机制，鼓励社会资本参与，能够带来先进的管理经验和技术支持，从而提升设施的运营效率和服务质量。政府则需要在政策和法规上给予支持，确保合作的顺利进行，推动农村体育设施的可持续发展。

农村体育设施的维护与管理同样不可忽视。建立定期检查和评估机制，是确保设施安全性和可持续使用的必要手段。通过定期的维护和检修，可以及时发现和解决设施存在的问题，避免安全隐患。同时，评估机制能够帮助了解设施的使用情况和居民的反馈，从而为后续的改进和发展提供依据。只有在维护和管理上做到细致入微，才能保证设施的长期使用和居民的满意度。

三、促进体育文化的普及

（一）体育文化活动组织

体育文化活动的组织在公共体育服务体系中扮演着至关重要的角色。通过精心设计和组织多样化的体育文化活动，可以有效地满足不同人群的兴趣和需求。这些活动不仅包括传统体育项目，还涵盖现代竞技和休闲健身等多种形式，为各类人群提供丰富的选择。传统体育项目如太极拳、龙舟赛等，能够唤起人们对传统文化的认同感，而现代竞技项目如篮球、足球等，则让人们体验到竞技体育的魅力与激情。同时，休闲健身活动如瑜伽、广场舞等，能够满足人们对健康生活方式的追求。这种多样化的活动组织形式，不仅丰富了体育文化的内涵，也推动了体育文化的普及。

在社区层面，建立社区体育文化节是促进体育文化普及的重要举措之一。通过举办社区体育文化节，居民不仅可以参与到活动的组织和表演中，还能在这个过程中增强社区的凝聚力和文化认同感。社区体育文化节为居民提供了一个展示才华和互动交流的平台，激发了居民对体育活动的参与热情。这种自下而上的参与模式，不仅提高了体育活动的参与率，还促进了社区成员之间的交流与合作。在这种氛围中，体育文化得以更广泛地传播和普及，社区的整体文化氛围也得到了显著提升。

学校与社区的合作促进体育文化普及的的重要途径。通过这种合作，可以充分利用学校和社区的资源，开展丰富多彩的体育文化活动。这些活动不仅有助于提升青少年的体育素养，还能培养他们终身体育的意识和习惯。校园体育文化活动的开展，不仅仅是简单的体育锻炼，更是一种文化教育。它通过体育活动的参与和体验，帮助青少年理解体育精神，树立健康的生活理念。学校与社区的紧密合作，能够为青少年提供更加全面和多样化的体育文化体验，促进他们的全面发展。

（二）体育文化宣传

体育文化宣传在促进公共体育服务中的作用至关重要。利用多种媒介渠道，如电视、广播、网络等，能够广泛宣传公共体育服务的内容和意义。这种多渠道的传播方式不仅能够提高公众的认知度，还能有效地提升他们的参与度。特别是在现代信息社会中，网络的快速传播特性使体育文化能够以更快的速度、更广的范围传播到每一个角落。这种宣传策略的实施需要在内容上做到准确和吸引人，以确保能够引起公众的兴趣和关注，从而达到推广体育文化的目的。

开展体育文化主题宣传活动是体育文化宣传的另一个重要手段。通过组织体育周、健身日等活动，可以鼓励社区居民积极参与，增强体育文化的影响力和传播力。这些活动不仅为居民提供了一个参与体育活动的平台，还通过实际的体验和互动，使体育文化的理念深入人心。体育文化宣传活动的开展，能够在意识上改变居民的生活习惯，提升他们对于体育锻炼的重视程度。这种方式不仅能够促进居民的身体健康，还能在社区中营造出一种积极向上的文化氛围。

制作宣传手册、视频讲解和在线课程等形式，是传播健康生活方式和体育锻炼知识的有效途径。通过这些形式，能够生动、具体地向公众传达体育锻炼的重要性和健康生活的理念。特别是在信息化时代，在线课程的普及，使更多人能够随时随地获取体育锻炼的相关知识。这不仅能够提升公众的健康意识，还能指导他们进行科学、合理的体育锻炼，避免因不当锻炼方式而造成的身体伤害。

四、提高体育服务的质量

（一）服务人员培训

为了确保公共体育服务的高质量，服务人员的培训是不可或缺的环节。制订系统化的培训计划是提升服务人员专业素养的基础。此计划应涵盖公共体育服务的基本知识、技能和服务标准，确保服务人员在理论和实践上均能胜任其工作。通过这种系统化的培训，服务人员能够全面掌握公共体育服务体系的运作方式，从而在服务过程中提供更为专业和优质的服务。

定期组织专业培训和考核是提升服务人员实际操作能力的重要手段。通过这些培训活动，服务人员不仅能够提高自身的操作技能，还能增强应对突发事件的能力。在公共体育服务中，突发事件的处理能力直接关系到服务的质量和用户的满意度。因此，定期的培训和考核能够确保服务人员在面对各种情况时都能从容应对，保证服务的稳定性和持续性。

引入行业专家和学者举办讲座和交流是拓宽服务人员视野的重要方式。通过与专家和学者的交流，服务人员能够更深入地理解公共体育服务体系的内涵和发展方向。这种交流不仅有助于提高服务人员的专业知识水平，还能增强他们对公共体育服务体系的认同感和使命感，从而在服务过程中表现出更高的职业热情和责任感。

（二）服务标准制定

在公共体育服务体系的构建过程中，服务标准的制定是提高体育服务质量的关键环节。服务标准不仅是衡量服务水平的基准，更是保障服务一致性的重要手段。制定明确的服务质量标准，涵盖服务态度、服务流程和服务时效等多个方面，能够确保公众在接受体育服务时获得一致的体验。服务态度的标准化要求服务人员始终保持积极、友好的态度，以提升用户满意度。服务流程的标准化则确保服务提供的高效性和一致性，减少因流程不当带来的用户不便。服务时效的标准化则强调在规定的时间内完成服务，以满足用户的时间需求。这些标准的制定不仅提升了服务的整体质量，也为服务机构提供了明确的操作指南。

在服务标准制定的过程中，建立服务反馈机制同样至关重要。通过定期收集用户对公共体育服务的评价和建议，服务提供者能够及时了解用户的需求和期望。这种反馈机制不仅是服务质量监控的重要手段，也是服务优化的重要依据。通过分析用户的反馈，服务提供者可以发现服务中的不足之处，并据此采取相应的改进措施。这一过程不仅提高了服务的针对性和有效性，也增强了用户的参与感和满意度。反馈机制的建立要求服务提供者具备开放的态度和持续改进的意识，以便在动态变化的环境中不断提升服务质量。

设定服务人员的专业资质要求是确保服务专业性的重要措施。公共体育服务的提供者需要具备必要的专业知识和技能，以满足用户的多样化需求。通过设定明确的资质要求，可以确保从业人员在服务过程中具备足够的专业能力和职业素养。这不仅有助于提高服务的专业性和有效性，还能提升用户对服务的信任度和满意度。在设定资质要求的过程中，需要结合不同类型体育服务的特点，制定相应的培训和考核标准，以确保所有从业人员都能达到预期的专业水平。

制定安全管理标准是保障公共体育服务安全的重要举措。安全管理标准的制定需要涵盖设施使用和活动组织的各个环节，以降低事故发生的风险，保护参与者的健康。设施使用的安全标准包括对场地、设备的定期检查和维护，确保其处于良好状态。活动组织的安全标准则要求对活动的设计、实施进行全面评估，识别潜在风险并采取相应的防范措施。通过制定和实施安全管理标准，可以有效减少安全事故的发生，提升服务的安全性和可靠性。

第三节　公共体育服务体系构建的阶段性任务

一、初期任务的识别与规划

（一）需求分析

在公共体育服务体系的构建过程中，需求分析是至关重要的初期任务。通过全面的需求分析，可以深入了解不同人群的体育需求，以便制定更为有效的服务策略。首先，针对儿童、青少年、成年人和老年人等不同群体进行细致的体育需求调查，以了解各年龄段人群的运动偏好与参与程度。这种调查不仅有助于识别各群体的具体需求，还可以为公共体育服务的多样化发展提供数据支持。通过对不同人群的需求进行深入分析，可以更好地推动公共体育服务体系的合理规划与实施。

分析社区及区域内现有体育设施的使用情况与不足之处，是需求分析中的重要环节。通过对现有设施的使用率、维护状况以及覆盖范围进行评估，可以识别出资源配置中的优劣势。这种分析有助于优化现有资源的利用，同时为未来设施的建设和升级提供科学依据。识别出设施使用中的不足之处后，相关部门可以更有针对性地进行资源配置，确保公共体育服务的有效性和可持续性。

评估居民对公共体育活动的参与意愿与动机，是需求分析的关键步骤之一。通过了解居民参与体育活动的主要因素，可以制订出更具吸引力和参与度的公共体育活动方案。影响参与的因素可能包括时间安排、场地便利性、活动的多样性等。通过对这些因素的深入研究,可以提高公共体育活动的吸引力,增强居民的参与度,从而提升公共体育服务的整体效能。

收集公众对公共体育服务的期望和建议,是确保服务更加贴合实际需求的重要手段。公众的反馈不仅可以反映出当前服务中存在的问题,还能为未来服务的改进提供宝贵的建议。通过建立有效的反馈机制,公共体育服务体系可以更好地响应居民的需求,提升服务的满意度和质量。

(二)目标设定

在公共体育服务体系的构建过程中,目标设定是一个至关重要的环节。明确公共体育服务的短期和长期发展目标,不仅有助于指导各项措施的实施和评估,还能为政策制定提供明确的方向。短期目标通常聚焦于提升参与度和提高服务质量,而长期目标则致力于建立一个可持续发展的公共体育服务体系。通过设定这些目标,各级政府和相关机构能够更好地分配资源,优化服务流程,从而提高公共体育服务的整体效率和效果。

为了确保目标的可测量性和可实现性,设定量化指标是必不可少的。这些指标可能包括参与人数、活动频率以及公众满意度等具体数据。这些量化指标不仅为目标的实现提供了明确的衡量标准,还为后续评估提供了可靠的依据。通过定期监测和分析这些指标,公共体育服务的管理者可以及时发现问题并进行调整,确保各项措施的有效性和针对性。

在目标设定的过程中,制订针对不同人群的专项计划同样至关重要。公共体育服务的受众群体多样,不同群体的体育需求各异。因此,针对儿童、老年人、残疾人等不同群体,制订专项计划可以更有效地满足他们的体育需求。这不仅有助于提高公共体育服务的覆盖面和服务质量,还能促进社会的和谐与进步。

建立动态调整机制是目标设定的另一重要方面。在公共体育服务的实施过程中,情况可能会发生变化,原定目标可能不再适用。因此,建立动态调整机制,根据实施过程中的反馈及时修订目标,能够保持服务的灵活性和适应性。这种机制的存在,使公共体育服务体系能够在不断变化的环境中保持活力和创新能力。

(三)方案设计

在公共体育服务体系的构建过程中,方案设计是一个至关重要的环节。其核心在于设计一个全面且可行的整体框架，明确各级政府、社会组织和社区在公共体育服务中的角色与责任分配。通过合理的角色划分，确保各方在资源配置、服务提供及政策执行中能够协同合作，从而形成一个高效运作的公共体育服务网络。这样的框架不仅能提升服务的整体效能，还能在一定程度上保证公共体育服务的公平性和可及性。

为了满足不同人群的体育需求，方案设计中需特别关注体育活动方案的多样性与针对性。设计者需充分考虑到不同年龄、性别、职业及健康状况的人群特点，制订出适合各类群体的活动计划。通过多样化的活动形式，能够有效激发人们参与体育锻炼的积极性，并确保更多人群的体育需求得到充分满足。这一过程不仅有助于提升全民身体素质，还能促进社会的和谐与健康发展。

资源整合与共享机制的构建是方案设计中的另一个重要内容。通过整合现有的公共体育设施和服务资源，可以最大化地提高其利用效率。建立资源共享平台，能够打破地域和组织间的壁垒，使资源的流动更加顺畅。同时，通过共享机制的实施，不仅能降低服务成本，还能为公众提供更为优质的体育服务体验。这对于公共体育服务体系的可持续发展具有重要意义。

二、中期任务的实施与调整

（一）进度管理

在公共体育服务体系的构建过程中，进度管理是确保项目按时推进的关键环节。项目的成功实施依赖于详细的进度计划，该计划需要明确各阶段任务的时间节点和责任人，以保证各项任务在预定时间内完成。进度计划不仅是项目管理的基础工具，也是协调各方资源的重要手段。通过制定清晰的时间表和责任分配，可以有效减少因协调不当导致的延误，确保公共体育服务体系的各项建设活动顺利进行。

定期召开进度检查会议是另一项重要的进度管理措施。这些会议提供了一个平台，供项目团队评估各项任务的完成情况，及时发现并解决实施过程中的问题。通过定期的检查和沟通，可以确保项目正常运行并迅速应对任何可能的偏差。这种会议制度不仅提高了项目的透明度，也增强了团队的协作效率，为公共体育服务体系构建的稳步推进奠定了基础。

建立进度反馈机制是进度管理中不可或缺的一环。该机制鼓励参与者及时报告项目进展和遇到的困难，使管理层能够迅速了解项目的实际情况，从而进行必要的调整和支持。反馈机制的有效运作需要建立在信任和开放的沟通基础上，只有这样才能确保信息的准确性和及时性。这种机制的实施有助于提高项目的灵活性和适应性，确保公共体育服务体系建设的持续优化。

项目管理工具的应用为进度管理提供了技术支持。通过这些工具，可以实时跟踪项目的进度和资源使用情况，提高管理的透明度和效率。这些工具不仅可以帮助项目团队更好地协调任务，还可以为管理层提供决策支持。利用现代化的管理工具，项目团队能够更加高效地分配和使用资源，确保公共体育服务体系的各项任务按计划推进。

（二）质量控制

在公共体育服务体系的构建过程中，质量控制是确保服务一致性与高水平的重要环节。建立明确的质量标准是实施有效质量控制的基础，这些标准应涵盖服务内容、执行流程和客户满意度等多个方面。通过制定具体的指标和标准，公共体育服务可以在不同的地区和机构中保持一致性，避免因标准不一而导致的服务质量差异。同时，明确的质量标准也为服务提供者提供了清晰的工作指引，确保他们在服务过程中遵循统一的规范和流程。

为了确保公共体育服务的持续高质量，定期的质量检查与评估显得尤为重要。通过定期收集用户反馈，服务提供者可以及时发现服务过程中存在的问题，并进行相应的改进措施。这不仅有助于提升服务质量，还能增强用户对公共体育服务的信任和满意度。用户反馈机制的建立，使服务提供者能够更好地了解用户需求，进而在服务设计和实施中做出相应的调整，确保服务质量不断提升。

引入第三方评估机构进行服务质量的客观评估，是提升公共体育服务透明性和公信力的重要手段。第三方评估机构可以从独立的角度对服务质量进行全面的分析和评估，帮助识别服务中的优点和不足。通过第三方的评估报告，服务提供者可以获得更为客观的改进建议，从而在服务质量管理中做出科学的决策。此外，第三方评估也为公众提供了一个了解公共体育服务质量的渠道，增强了服务的透明性。

（三）风险应对

在公共体育服务体系的中期任务中，风险应对是一个至关重要的环节。风险评估机制的建立是确保体系稳健运行的基础。通过定期识别和分析潜在风险因素，可以及时发现问题，从而制订有效的应对策略。这一过程不仅需要科学的方法和工具，还需要管理者具备敏锐的洞察力和前瞻性。风险评估机制的有效运作，能够使公共体育服务体系在面对不确定性时保持灵活性和适应性，确保服务的持续和稳定。

制订应急预案是风险应对的一项核心措施。针对可能发生的突发事件，如自然灾害和公共卫生事件，公共体育服务体系必须具备快速反应和调整的能力。应急预案的制订需要考虑多种可能性，并在不同情境下测试其有效性，以确保在突发事件发生时，公共体育服务能够继续开展，并在最短时间内恢复正常。这样的准备不仅是对服务连续性的保障，也是对公众安全和信任的承诺。

加强对服务人员的风险管理培训是提升风险应对能力的关键。服务人员是公共体育服务体系的前线，他们的应对能力直接影响服务质量。因此，定期开展风险管理培训，提高服务人员的应对能力和风险意识，是确保服务质量的重要手段。培训内容应包括突发事件的识别与处理、应急预案的执行以及心理素质的提升等，以全方位提高服务人员的专业素养。

设立风险监测系统是实现风险动态管理的重要手段。通过实时跟踪公共体育服务实施过程中的风险变化，管理者可以在第一时间获取风险信息，并根据变化及时调整管理策略。风险监测系统的高效运作依赖于先进的技术支持和高效的数据分析能力，这不仅提高了风险管理的效率，也增强了体系的整体安全性和可靠性。

三、后期任务的评估与优化

（一）成效评估

成效评估是公共体育服务体系构建中不可或缺的一环。

用户反馈和调查问卷是了解居民对公共体育服务意见的有效工具。通过这些途径，可以收集居民对服务的满意度及改进建议。这种直接的反馈机制不仅可以帮助识别服务中的不足，还能为公共体育服务的持续优化提供宝贵的参考。通过分析反馈数据，管理者可以更好地理解居民的需求和期望，从而在服务设计和实施中做出相应的调整。此外，这种反馈机制还可以增强居民的参与感和归属感，使他们感受到自己在公共体育服务体系中的重要性和影响力。

公共体育服务的效果评估需要定期进行，以便及时掌握服务对居民健康的实际影响。通过结合参与者的健康水平变化和社区体育活动的开展情况，能够更全面地评估服务的效果。这不仅涉及居民的身体健康状况，还包括他们的心理健康和社会交往能力。定期的效果评估可以帮助识别服务中的优势和不足，从而在后续的服务中进行有针对性的调整和优化。这种动态的评估机制确保了公共体育服务能够持续满足居民的健康需求，并促进社区的整体健康发展。

为了确保评估结果的客观性和公正性，设立专业评估团队是必要的。这些团队可以利用第三方机构进行独立评估，为评估结果的可信度提供保障。第三方评估不仅能够避免内部评估可能存在的偏见，还可以通过专业的评估方法和工具提供更为全面和深入的分析。这种独立评估机制为后续决策提供了可靠的数据支持，使公共体育服务的规划和实施更加科学和合理。

（二）问题诊断

在公共体育服务体系的后期任务中，问题诊断是一个至关重要的环节。通过深入分析和识别系统中存在的问题，可以为后续的优化和改进提供明确的方向。公共体育服务项目的覆盖范围不足，这一问题制约了服务体系的全面性和有效性。由于项目覆盖范围的局限性，无法满足不同人群的多样化需求，特别是在城市和农村之间，公共体育服务的分布极不均衡。这种不均衡不仅影响了服务的公平性，也限制了全民健身计划的实施效果。因此，扩大公共体育服务的覆盖范围，确保更多人群能够享受到便捷的体育服务，是后期任务中的一项重要内容。

另一个亟待解决的问题是信息传播渠道的不畅通，这直接导致公众对公共体育服务的认知度低。信息传播渠道的缺乏和不畅使许多潜在用户无法及时获取相关服务信息，进而影响了他们参与体育活动的积极性和主动性。为了提高公共体育服务的利用率，必须建立多层次、多形式的信息传播机制，利用现代信息技术拓展传播渠道，提高信息的可达性和时效性，从而增强公众在公共体育服务的认知和参与度。

服务人员的专业素质参差不齐，也对公共体育服务的质量和用户体验产生了一定的影响。高素质的服务人员是提供优质服务的重要保障，但目前在公共体育服务领域，服务人员的专业水平和服务意识存在较大差异。这种差异不仅影响了服务的专业性和规范性，也在一定程度上影响了用户的满意度。为了提升服务质量，必须加强对服务人员的培训和管理，建立科学的评价和激励机制，确保服务人员的专业素质能够满足服务体系发展的需求。

(三)持续改进

在公共体育服务体系的后期任务中,持续改进是确保体系长期有效运作的关键环节。首先,建立定期评估机制是持续改进的基础。通过定期评估,可以对公共体育服务体系的各项政策和措施进行系统的检查和分析。这不仅有助于识别当前政策的不足之处,还能根据实际效果进行及时调整和优化,以适应社会不断变化的需求。评估机制的建立需要科学的指标体系和数据收集方法,以确保评估结果的准确性和客观性,从而为政策调整提供坚实的依据。

在持续改进过程中,鼓励居民参与反馈与建议收集是增强公共体育服务针对性的重要手段。居民作为公共体育服务的直接受益者,其反馈和建议能够真实反映服务的实际效果和存在的问题。因此,建立畅通的反馈渠道,鼓励居民积极参与,是提高服务有效性的重要途径。这种参与不仅可以增强社区对公共体育服务中的参与感,还能促进居民与服务提供者之间的良性互动,从而在服务设计和实施过程中更好地满足居民的实际需求。

服务人员的专业技能和服务意识直接影响公共体育服务的质量。因此,加强对服务人员的持续培训和职业发展是提升服务质量的重要措施。通过定期的专业培训和技能提升课程,服务人员可以不断更新知识和技能,适应新技术和新方法的应用。同时,提供职业发展规划可以增强服务人员的职业认同感和工作积极性,从而在服务过程中展现出更高的专业水平和服务热情,确保公共体育服务的稳定与提升。

现代信息技术的快速发展为公共体育服务的持续改进提供了新的机遇。利用现代信息技术手段,建立智能化的公共体育资源管理系统,可以显著提高资源配置的灵活性和响应速度。智能化管理系统能够实时监测和分析资源使用情况,提供数据支持,帮助决策者迅速调整资源配置策略,以应对突发事件或需求变化。这种高效的资源管理方式,不仅提升了服务的响应速度,还提高了资源的利用效率。

第三章　公共体育服务设施的建设与管理

第一节　公共体育设施的类型与布局

一、室内体育设施的分类

（一）体育馆设施

体育馆设施是现代公共体育服务体系中的着重要角色，其功能多样性使其不仅能够承载大型体育比赛，还能够用于日常训练和大众健身活动。体育馆的设计与建设需要充分考虑其多功能使用的特性，以满足不同体育项目的需求。体育馆设施的空间设计至关重要，需要合理规划观众流线，以确保观众能够顺畅进出，同时也要为运动员提供独立的活动空间。此外，安全疏散通道的设计也必须符合相关规范，以保障在紧急情况下的人员撤离需求。

体育馆设施的设备配置应当根据不同项目的具体需求进行调整。例如，篮球场地需要设置标准的篮筐和计分设备，而排球和羽毛球场地则需要相应的网架和地面标线。为了提高体育馆的使用效率，这些设备的选择和安装必须符合国际标准，并能够灵活调整以适应多种运动项目的使用。此外，体育馆设施的维护管理是确保其长期使用效率和安全性能的关键。定期的检查和设备更新不仅可以预防事故的发生，还能延长设施的使用寿命。

（二）健身房设施

健身房设施在现代公共体育服务体系中同样重要，其空间布局的优化是提升用户体验的关键。合理的空间布局不仅能提升场地的使用效率，还能满足不同用户的多样化需求。健身房通常划分为多个功能区域，如有氧区、力量训练区和自由重量区。这种多功能区域的划分不仅能满足不同锻炼需求的人群，还能有效避免高峰时段的拥挤现象，提高整体的用户满意度。

在器械配置方面，健身房设施应根据使用频率和用户需求进行合理安排。多样化的器械种类可以吸引更多用户，满足从初学者到专业健身爱好者的不同需求。同时，器械的摆放应考虑到便利性和安全性，确保用户在锻炼时能轻松找到所需设备，并在使用过程中避免出现不必要的风险。合理的器械配置不仅能提升用户的锻炼效率，还能延长器械的使用寿命。

健身房的空气流通和照明设计是影响用户舒适度和安全性的关键因素。良好的空气流通能有效降低室内湿度和异味，提升用户的锻炼体验。照明设计则应充分考虑到不同功能区域的需求，提供足够且柔和的光线，避免刺眼的灯光对用户造成不适。舒适的环境不仅能提高用户的锻炼积极性，还能在一定程度上减少运动伤害的发生。

为了提高资源利用率和用户满意度，健身房设施的管理应建立有效的预约和使用系统。通过预约系统，用户能更好地规划自己的锻炼时间，避免因场地拥挤而影响锻炼计划的执行。同时，使用系统还可以帮助管理者合理分配资源，确保每个区域的使用率达到最优。高效的管理系统不仅能提升用户的满意度，还能提高健身房的运营效率。

（三）游泳馆设施

游泳馆设施也是现代公共体育服务体系中的另一重要角色，其水质管理是确保用户健康与安全的关键。建立完善的水质监测系统是必不可少的措施，通过定期检测和实时监控，确保水质符合国家卫生标准。水质管理不仅关系到用户的健康，也直接影响到游泳馆的声誉和运营效率。因此，游泳馆管理者需要配备先进的水质检测设备，并制定严格的水质管理规程，以应对各种可能出现的水质问题。

游泳馆设施的空间设计对于赛事和休闲活动的顺利进行至关重要。合理划分不同泳道，不仅能够满足不同水平游泳者的需求，还可以提高场地的使用效率。此外，观众席的合理布局也是必不可少的，既要保证观众的观赛体验，又不能干扰到泳池的正常使用。通过科学的空间规划，游泳馆可以同时承办专业赛事和大众休闲活动，最大限度地发挥其社会功能。

温控系统在游泳馆设施中起着重要作用，适宜的水温和空气温度是提升用户舒适度和锻炼体验的基础。游泳馆需要根据不同季节和用户需求，灵活调整温控系统的参数，以提供最佳的使用环境。尤其是在冬季，保持水温和空气温度的稳定性是用户持续参与游泳活动的关键因素。因此，游泳馆的温控系统不仅要具备高效的制冷和制热能力，还需具备智能调节功能，以适应多变的外部环境。

安全设施是游泳馆设施管理中的重中之重，救生员的配置、紧急救援设备及安全警示标志都是不可或缺的组成部分。游泳馆应根据使用人数和场地规模，合理配置救生员，确保在紧急情况下能够迅速响应。此外，定期检查和维护紧急救援设备，确保其在需要时能够正常使用，也是保障用户安全的重要措施。通过完善的安全设施和管理制度，游泳馆可以有效降低安全事故的发生率。

二、室外体育设施的分类

（一）田径场设施

田径场设施在公共体育服务体系中占据重要地位，其设计与建设需充分考虑多种田径项目的需求。田径场的布局不仅要满足跑道的基本要求，还需合理分配跳高、跳远等项目的区域，以确保运动员在比赛和训练中的安全与便利。合理的布局能够有效避免不同项目之间的干扰，提高场地的使用效率。此外，田径场设施的设计还需考虑场地的多功能性，使其能够适应不同类型的田径赛事和训练活动。

田径场的跑道材料选择至关重要，需采用符合国际标准的高弹性材料。这类材料不仅能提升运动员的跑步体验，还能在一定程度上减少运动员受伤的风险。高弹性材料的使用能够提供更好的缓冲效果，降低运动员在高速运动中对关节和肌肉的冲击力，从而提高跑步的安全性和运动员运动表现。

观众席的设计是田径场设施建设中的另一个关键环节。观众席的设置应确保观众能够清晰观看比赛，同时需考虑安全疏散通道的设计，以满足大型赛事的观众需求。合理的观众席布局不仅能够提升观赛体验，还能在紧急情况下保障观众的安全。观众席的设计还应符合人体工程学原理，提供舒适的观赛环境。

照明系统在田径场设施中扮演着重要角色，尤其是在夜间比赛和活动中。照明系统需满足赛事的照明需求，采用高效节能的灯具，以提高照明质量和减少能耗。高质量的照明能够确保运动员在夜间比赛时的视野清晰，减少因光线不足导致的比赛失误。同时，节能灯具的使用也符合可持续发展的理念，降低了场馆的运营成本。

（二）足球场设施

足球场设施的草坪类型选择至关重要，适宜的草种不仅能确保良好的球场表现，还能提高耐磨性，适应不同的气候条件和使用频率。草坪的选择需要综合考虑当地气候、使用强度和维护条件，以确保其在各类比赛和训练中的表现。草坪的质量直接影响运动员的发挥和比赛的观赏性，因此在选择草种时，需结合科学的研究与实际应用经验，确保为运动员提供最佳的比赛环境。

足球场设施的场地尺寸应严格遵循国际比赛标准。标准的尺寸不仅是保证比赛公平性和竞技性的重要基础，也是足球运动规范化发展的关键。同时，足球场的设计还需考虑到训练和休闲活动的灵活性，提供多功能的使用空间。这样的设计能够满足不同用户群体的需求，提升场地的使用效率和社会效益。在规划和设计过程中，需要综合考虑场地的实际使用情况和未来的发展需求，以实现资源的优化配置。

足球场设施的围栏和观众席设计必须充分考虑安全性和观赏性。围栏设计应确保观众的安全，防止意外事故的发生，同时也要考虑到观众的观赛体验，提供良好的视野和舒适的观赛环境。观众席的设计需符合人体工程学原理，提供舒适的座椅和良好的视线角度，确保观众能够全程享受比赛带来的乐趣。安全性和观赏性是足球场设施设计的两个重要方面，必须在设计初期进行充分的考虑和规划。

足球场设施的照明系统是保证夜间比赛顺利进行的重要环节。高强度和均匀性的照明能够确保比赛在夜间进行时，场地的每一个角落都能被充分照亮，避免因光线不足而影响比赛的公平性和运动员的表现。同时，采用节能技术可以有效降低运营成本，提高足球场的经济效益。照明系统的设计需要结合场地的实际需求和技术发展趋势，确保在提供优质照明的同时实现节能环保。

(三)篮球场设施

篮球场设施在公共体育服务体系中占据重要地位，其设计与建设直接影响到体育活动的质量和参与者的体验。篮球场的场地尺寸必须严格遵循国际篮球联合会(FIBA)标准。这种标准化不仅是为了保证比赛的公平性和竞技性，也是为了适应不同水平的训练和休闲活动需求。标准尺寸的场地能够确保运动员在比赛中发挥出最佳水平，同时也为业余爱好者提供了一个公平的竞技环境。此外，标准化的尺寸便于国际赛事的举办，如各地的篮球场都能在规格上保持一致性，就能促进篮球运动的全球化发展。

篮球场的地面材料选择至关重要，直接关系到运动员的舒适度和安全性。通常情况下，篮球场的地面应选用高弹性和防滑性能良好的木质或合成材料。这些材料能够有效吸收冲击力，减少运动员在激烈运动中受伤的风险。同时，良好的防滑性能能够提高运动员的稳定性，减少滑倒的可能性。地面材料的选择不仅影响到运动员的表现，也直接关系到场地的耐用性和维护成本。因此，在篮球场设施的建设中，必须综合考虑材料的性能、成本和维护等多方面因素，以达到最佳的使用效果。

篮球场的篮筐高度和篮板设计同样需要符合国际标准，以确保比赛的规范性。这种标准化设计不仅有助于维护体育赛事的公平性，还能为不同年龄段和水平的运动员提供合适的练习条件。规范的篮筐高度和篮板设计能够帮助青少年在训练中形成正确的投篮姿势和技术，为他们未来的发展奠定基础。同时，这些标准也为成人和专业运动员提供了真实的比赛体验，使其在训练中能够更好地模拟比赛环境。

观众席的设计是篮球场设施中不可忽视的部分。合理的人流动线和视野设计能够确保观众在比赛过程中获得良好的观看体验。观众席不仅要保证每位观众都能清晰地观看到比赛，还需要设置紧急疏散通道以保障安全。特别是在大型赛事中，观众的安全是首要考虑因素。因此，观众席的设计不仅要满足基本的观赛需求，还需在紧急情况下能够快速、安全地疏散人群，确保赛事的顺利进行。

三、社区体育设施的规划与设计

(一)多功能场地设计

多功能场地设计在现代社区体育设施中扮演着重要角色。其核心在于灵活的空间布局，能够根据不同活动需求进行快速调整和改造。这种灵活性不仅满足了多种体育项目的需求，如篮球、足球、羽毛球等，还能为社区活动提供场地支持，从而提升场地的使用率和社区的整体活力。通过合理的设计，场地可以在短时间内适应不同的活动形式，进而促进社区居民的广泛参与和互动。

在多功能场地设计中，考虑不同年龄段和能力水平的用户是至关重要的。场地应设置适宜的设施和设备，以满足儿童、青少年、成年人及老年人的不同需求。这种多样化的设施配置不仅能促进全民健身，还能增强社区的凝聚力和归属感。通过提供适合所有人的体育设施，社区可以有效地鼓励居民参与体育活动，进而提高整体健康水平和生活质量。

多功能场地的安全性是设计中的关键因素。场地必须配备必要的安全设施和应急响应措施，以确保用户在参与活动时的安全和健康。这包括提供防滑地面、护栏、急救设备等，同时培训管理人员具备应急处理能力。安全设计不仅保护了参与者的身体健康，也增强了他们参与活动的信心，从而提升场地的使用频率和满意度。

场地材料的选择直接影响到其环保性和可持续性。设计中应优先使用耐用且易于维护的材料，以降低长期运营成本和环境影响。采用环保材料，可以减少对自然资源的消耗，体现绿色发展的理念。此外，耐用的材料也能降低维护频率和成本，确保场地长期保持良好的使用状态。

(二)休闲健身设施设计

休闲健身设施在现代社区中扮演着重要的角色，其设计不仅需要满足基本的健身功能，还应注重用户体验。提供舒适的环境和便利的设施是提升用户满意度和参与度的关键所在。为了达到这一目标，休闲健身设施通常配备更衣室、淋浴间和休息区，这些基础设施的存在使用户在运动后能够迅速恢复体力并享受放松的时光。这种设计理念不仅提升了用户的整体体验，也为参与者创造了一个更为舒适和愉悦的健身环境。

多样化的健身器械和活动区域是休闲健身设施的另一大特色。为了满足不同用户的运动需求，这些设施通常包括有氧运动设备、力量训练器械以及适合团体课程的开放空间。通过提供丰富的选择，休闲健身设施能够吸引不同年龄段和兴趣的用户参与其中。无论是喜欢独自锻炼的用户，还是热衷于集体活动的参与者，都可以在这里找到适合自己的运动方式。这种多样化的设计不仅提高了设施的吸引力，也为社区居民提供了更多的健身选择。

社交互动空间的设计是休闲健身设施布局中不可忽视的部分。通过精心规划，设施可以鼓励用户之间的交流与互动，进而增强社区的凝聚力和归属感。开放的休息区、互动式的健身课程以及定期举办的社交活动，都是增强用户之间联系的有效方式。这些设计不仅提升了设施的使用体验，还为社区居民提供了一个相互认识和交流的平台，增强了社区的整体氛围。

为了保持设施的活力和提高使用率，休闲健身设施应定期组织各类活动和赛事。这些活动不仅吸引了更多居民的参与，也在无形中推广了全民健身的理念。多样化的活动安排，可以不断激发用户的参与热情，并在社区中形成良好的健身文化氛围。这种策略不仅提高了设施的使用率，也为社区居民提供了更多的健身机会和社交活动。

(三)绿地与步道设计

绿地与步道设计是社区体育设施规划中很重要的一部分。绿地的设计不仅需要考虑其生态友好性,还应当选择适合当地环境的本土植物。这种选择不仅能够提升生物多样性,还能有效降低维护成本,减少对外来植物的依赖。此外,本土植物通常更适应当地的气候和土壤条件,能够在较少的人工干预下健康生长,形成一个稳定的生态系统。这样的绿地设计不仅对环境有益,还能为社区居民提供一个亲近自然的空间,有助于提升居民的生活质量。

步道的布局设计应充分考虑人流动线,以确保其功能性与实用性。合理规划步道的宽度和曲线,是提升行走舒适性和安全性的关键。步道的宽度需要根据社区的人流量进行调整,以避免拥挤,同时也要确保轮椅等辅助设备的顺利通行。曲线设计则应避免过于陡峭或急转,以减少潜在的安全隐患。此外,步道应与社区的其他设施有机结合,形成一个便捷的交通网络,方便居民的日常活动和体育锻炼。

绿地与步道的结合设计需要注重景观美学,以创造视觉上的吸引力。通过合理的植物配置和步道设计,可以营造出一个富有层次感和美感的社区环境。这种设计不仅能够提升社区的整体环境质量,还能吸引更多居民参与户外活动,增强社区的活力和凝聚力。景观美学的体现还在于细节的雕琢,如步道两侧的花坛布置、绿地中的小品设置等,这些都能在不知不觉中提升居民的生活体验。

步道材料的选择是设计中不可忽视的一个环节。材料的耐用性和防滑性直接影响到步道的使用寿命和用户的安全。选择耐用的材料可以减少频繁的维修和更换,降低长期的维护成本。防滑性则是确保步道在各种天气条件下安全使用的关键,尤其是在雨雪天气,防滑材料能够有效防止行人滑倒受伤。材料的选择应综合考虑成本、性能和施工难度,以达到最佳的使用效果。

四、学校体育设施的配置与利用

(一)体育场馆配置

体育场馆配置在学校体育设施中占据重要地位,其合理性直接影响学生的体育活动质量和身体素质发展。学校体育场馆配置应根据学生的年龄和身体素质特点,合理规划不同类型的运动设施,以满足多样化的体育需求。不同年龄段的学生在生理和心理上存在显著差异，例如，小学阶段的学生需要更多的基础运动设施来促进其基本运动技能的发展，而中学生则需要更具挑战性的设施以增强体能和竞技能力。因此，学校在规划体育设施时，应充分考虑这些因素，确保每个学生群体都能找到适合自己的运动空间。

体育场馆的布局设计不仅要满足多样化的需求，还需考虑到安全性和可达性，确保学生在使用过程中能够方便地进入和离开各个运动区域。安全性是体育场馆设计的首要考虑因素，场馆内的设施和设备应符合相关安全标准，避免存在潜在的安全隐患。可达性则要求场馆的布局应便于学生快速到达各个运动区域，尤其是在紧急情况下，能够迅速、安全地撤离。此外，合理的布局设计还应促进学生之间的互动和交流，增强集体活动的参与感和凝聚力。

现代化的运动设备和器材是提高体育场馆使用效率的重要保障。体育场馆应配备现代化的运动设备和器材，定期进行维护和更新，以保证其安全性和使用效率。随着科技的进步，许多新型运动器材和设备不断涌现，如智能健身设备、虚拟现实运动系统等，这些设备不仅能提升运动体验，还能通过数据分析帮助学生更好地了解自身的运动状况。因此，学校应积极引入先进的运动设备，并建立完善的维护机制，确保设备始终处于良好状态，为学生提供安全、舒适的运动环境。

在体育场馆的设计中，环境友好性是一个不可忽视的重要因素。场馆的设计应注重环境友好性，采用可持续材料和节能技术，提升场馆的生态效益。可持续材料的使用不仅能减少对环境的影响，还能延长场馆的使用寿命，降低维护成本。此外，节能技术的应用，如太阳能照明、雨水收集系统等，可以有效降低场馆的能耗，提高资源利用效率。这些措施不仅符合现代绿色建筑的发展趋势，也能帮助学生树立良好的环保意识，培养其可持续发展的理念。

学校体育场馆不仅是体育课教学的重要场所，也是课外活动和校内赛事的重要场地。学校体育场馆应结合课外活动和校内赛事，提供多功能的使用空间，促进学生的全面发展和健康成长。多功能空间的设计可以满足不同活动的需求，如篮球、足球、羽毛球等多种运动项目，以及校内体育比赛和社团活动的举办。

(二)体育器材配置

体育器材的配置是学校体育设施建设中的关键环节，它直接影响着学生的运动参与度和运动效果。体育器材的选择应充分考虑不同运动项目的特点，以便能够最大程度地激发学生的兴趣和参与热情。例如，田径项目需要配置适合的标枪、铅球等器材，而球类运动则需要标准的篮球、足球等。通过精心挑选适合的器材类型，不仅能提升学生的运动体验，还能促进其身体素质的全面发展。

体育器材的数量和种类必须根据学校的学生人数和具体的运动需求进行合理规划。合理的规划能够确保每个学生都有机会参与到体育活动中，避免因器材不足而出现学生参与率低的问题。尤其是在大型运动会或日常体育课中，充足的器材能够有效提升教学质量和学生的参与积极性。因此，学校在配置体育器材时，应充分评估现有资源，并结合学生的实际需求进行科学合理的配置规划。

在体育器材的配置过程中，安全性是一个不可忽视的重要考量因素。学校应优先选用符合国家标准的器材，以保障学生在使用过程中的人身安全。此外，定期对器材进行安全检查和维护，能够及时发现和排除安全隐患，确保器材始终处于良好的使用状态。这不仅是对学生安全的保障，也是对学校体育教育质量的提升。

体育器材的存放和管理也需要建立规范的制度。科学合理的存放方式可以延长器材的使用寿命，同时保持器材的整洁和完好。学校应制定详细的管理制度，明确器材的使用、归还和维护流程，避免因器材损坏而影响学生的正常使用。这种规范化的管理模式有助于提高器材的利用效率，保障体育教学活动的顺利进行。

（三）课外活动利用

课外活动是学校体育设施的配置与利用需要重点考虑的另一个方面。结合学校体育课程，设计多样化的活动项目是满足不同学生兴趣和需求的关键。这不仅有助于学生的全面发展，还能激发他们对体育的热爱和参与积极性。多样化项目的设计应考虑学生的年龄、兴趣以及身体素质，确保每个学生都能找到适合自己的活动形式。通过多样化的课外体育活动，学校能够为学生提供更为丰富的体育体验，进而促进其身心健康的全面发展。

课外活动的安全管理是学校体育设施利用中的重要环节。为确保学生在参与过程中得到充分的保护与支持，学校必须制定详细的规章制度。这些制度应包括活动的安全措施、应急处理方案以及责任分工等内容。学校还应定期对体育设施进行安全检查和维护，确保设施的正常使用。通过完善的安全管理，学校能够为学生提供一个安全、健康的体育活动环境，使他们能够无忧无虑地参与各类体育活动。

学校要为课外活动的顺利进行提供必要的资源和支持。充足的场地、合适的器材以及专业的指导教师是确保课外活动顺利开展的基础。学校应根据活动的需要合理配置资源，确保每项活动都能得到充分的支持。指导教师在课外活动中扮演着重要角色，他们不仅是活动的组织者和指导者，更是学生的榜样和引导者。通过专业的指导，学生能够更好地掌握体育技能，提高运动水平。

第二节　公共体育设施的建设原则与标准

一、公共体育设施建设选址的科学性原则

(一)人口密度分析

在公共体育设施的建设过程中，人口密度分析是选址科学性原则中至关重要的一环。公共体育设施的选址应充分考虑区域内的人口密度，以确保设施能够满足周边居民的实际需求和使用频率。高人口密度区域通常意味着更多的潜在使用者，因此在这些区域优先设置体育设施可以有效提高居民的参与度和满意度，进而促进全民健身的目标实现。

进行人口密度分析时，不仅要关注总体人口数量，还需细致考量各年龄段的人口分布。这是因为不同年龄群体的运动需求存在显著差异，青少年可能偏好团队运动，而老年人可能更倾向于选择健步走等低强度活动。因此，设施设计必须多样化，以满足广泛的运动需求，从而提升设施的使用效率和社会价值。

选址时需评估周边社区的运动习惯和偏好。这需要通过问卷调查、访谈等方式获取第一手资料，以便合理配置体育设施。了解社区居民的运动习惯不仅有助于设施的有效利用，还能在设计和选址过程中避免资源浪费，确保设施能够真正服务于民众的健康需求。

公共体育设施的选址应结合交通便利性分析。交通便利性是影响居民使用体育设施的重要因素。设施应设于交通便捷的地点，确保居民能够方便快捷地到达。这不仅提高了设施的利用率，也在一定程度上促进了居民的运动积极性。因此，科学合理的选址策略是提升公共体育设施服务水平的重要保障。

(二)交通便利性评估

交通便利性评估是公共体育设施选址过程中至关重要的一环。公共体育设施应当位于主要交通干道附近，这不仅可以确保居民能够方便地到达，还能有效

减少出行时间，从而提升居民参与体育活动的积极性和频率。通过合理的选址，能够在一定程度上提高体育设施的使用效率和服务质量，满足不同群体的体育需求。此外，科学的选址还可以促进城市公共交通系统的优化和完善，形成良性互动。

在选址过程中，评估周边公共交通的覆盖情况是必不可少的步骤。确保有充足的公交和地铁线路连接体育设施所在地，可以大大提高居民的出行便利性，尤其是在城市中交通拥堵问题日益严重的背景下，公共交通的可达性显得尤为重要。通过对现有公共交通网络的分析，可以为体育设施的选址提供科学依据，并在规划中预留未来交通扩展的可能性，以应对不断增长的交通需求。

选址时还需充分考虑停车设施的配置。确保有足够的停车空间以满足自驾前来的用户需求，不仅是对设施使用者的便利性考虑，也是对周边交通环境的有效管理。合理的停车规划可以减少因停车难而导致的交通拥堵和环境污染问题，提高整体交通系统的运行效率。此外，停车设施的规划应与城市交通政策相协调，以支持绿色出行方式的推广。

无障碍设施的建设是确保所有人群，包括老年人和残障人士，能够安全便捷地前往体育设施的重要保障。无障碍设计不仅是社会公平的体现，也是提升公共体育服务水平的关键环节。在选址和设计阶段，应充分考虑无障碍通道、标识和设施的布局，确保其与整体交通系统无缝衔接，从而为所有居民提供平等的体育参与机会。

（三）地理环境适应性确认

公共体育设施建设的选址必须充分考虑地理环境的适应性，以确保其功能的长期有效性和安全性。地理环境适应性强调设施应根据地理环境的特点进行选址，尤其要避免在易受自然灾害影响的区域，如洪水、泥石流等高发地带。这不仅是为了保护设施本身，也是为了保障使用者的安全。选址过程中，应对区域的地质条件进行详尽的评估，以预防潜在的自然灾害风险，从而确保公共体育设施的可持续发展。

选址时需仔细考虑地形地貌，确保设施的建设与周边环境和谐共存，避免对生态环境造成负面影响。公共体育设施的建设不应以牺牲自然环境为代价，而应寻求与自然的共生。通过合理的选址和设计，设施可以与周围的环境形成一个有机的整体，既满足了体育活动的需求，又保护了当地的生态系统。这种协调不仅反映在视觉美感上，更体现在生态效益和社会效益的双重提升上。

在城市与乡村的布局中，公共体育设施应充分利用自然资源，如山地、公园等，创造良好的运动环境。城市中，公园绿地可以成为理想的公共体育设施选址地，而在乡村地区，山地等自然资源则可以被巧妙地融入设施的设计中。这不仅有助于节约建设成本，还能为使用者提供一个接近自然的运动场所，增强运动的乐趣和效果。通过与自然资源的结合，公共体育设施可以实现功能性与景观性的统一。

公共体育设施的设计还应充分考虑气候因素，选择适合当地气候的建筑材料，以提高设施的使用寿命和舒适度。在寒冷地区，设施的材料选择应注重保温性能，而在炎热地区，则应注重通风和防晒设计。通过合理的设计和材料选择，不仅能降低设施的维护成本，还能为使用者提供一个舒适的运动环境，提高使用者的满意度和设施的利用率。

二、公共体育设施的无障碍设计原则

（一）无障碍通道设置

无障碍通道的设置在公共体育设施中扮演着至关重要的角色。它不仅是设计中不可或缺的一部分，还是确保所有用户，尤其是行动不便人士，能够轻松出入设施的关键。无障碍通道应当设置在公共体育设施的主要入口处，以便为所有人提供无障碍的通行路径。这一设置不仅体现了对特殊人群的关怀，也提升了设施的整体可达性和使用体验。

确保无障碍通道的宽度符合国家标准是设计中的基本要求。这样的标准化设计能够保障轮椅和其他辅助设备的顺利通行，避免因通道过窄而造成的不便和潜在危险。通过严格遵循这些标准，公共体育设施可以大大提升其安全性和便利性，为所有用户提供一个无障碍的使用环境。这样的设计不仅是对用户安全的负责，也是对公共服务质量的提升。

在无障碍通道的设计中，坡度的合理性是影响使用体验的重要因素。过陡的斜坡会增加使用者的体力负担，甚至可能导致安全隐患。因此，设计中应特别注意坡度的平缓，以确保使用者在通行时的安全和舒适。合理的坡度设计，不仅能减轻用户的体力消耗，还能大大提升他们对设施的好感度和使用意愿。

无障碍通道的指示标识是提升设施可达性的重要组成部分。清晰的指示标识能够帮助用户快速找到通道位置，减少不必要的时间浪费和心理负担。这样的设计不仅是对用户体验的优化,更是对无障碍理念的具体实践。通过合理设置标识,公共体育设施可以更好地服务于所有用户,提升其社会服务功能。

(二)辅助设施配置

在公共体育设施的建设中,辅助设施的合理配置是实现无障碍设计原则的重要组成部分。辅助设施应配备无障碍卫生间,以确保所有用户在使用过程中能够方便地满足个人需求。无障碍卫生间的设置不仅是对特殊人群的尊重和关怀,也体现了设施整体的友好性和人性化设计。这种设计能够有效提升用户的使用体验,使每一位用户都能感受到设施的便利和舒适。

公共体育设施内应设置无障碍休息区,这些区域应提供舒适的座椅和遮阳设施。无障碍休息区不仅为用户提供了一个放松和休息的空间,更是促进社区交流的重要场所。在这些区域,用户可以进行社交活动,分享运动体验,这种互动不仅增强了社区凝聚力,也使公共体育设施成为社区生活的重要组成部分。

为了进一步提升用户的使用体验,公共体育设施内还应配置清晰的导向标识系统。导向标识系统的设计应考虑不同用户的需求,确保用户能够轻松找到各类设施和活动区域。清晰的导向标识不仅可以减少用户在寻找设施时的困惑和不便,也能够提升整体使用效率,使用户能够更加专注于体育活动本身,从而享受更高质量的运动体验。

在保障用户安全方面,公共体育设施应配备急救设施和急救人员,以应对可能的突发情况。这些措施不仅是对用户安全的保障,也体现了设施管理者对用户健康的高度重视。在紧急情况下,及时的急救措施可以有效减少事故对用户健康的影响,保障用户在活动过程中的安全与健康。

(三)信息无障碍设计

在公共体育设施中,信息无障碍设计的核心目标是确保所有用户,尤其是有特殊需求的群体,能够无障碍地获取相关信息。这种设计不仅仅是对信息获取渠道的拓展,更是对信息传达方式的深思熟虑。通过多样化的信息展示形式,如文字、图形和音频,信息无障碍设计能够满足不同用户的理解需求。特别是对于视力和听力障碍人士,多样化的展示方式能够有效地提升信息的可达性和可用性,从而使他们能够充分参与到公共体育活动中。

信息无障碍设计应确保所有用户能够方便访问公共体育设施的相关信息,包括活动安排、设施使用时间和安全注意事项。为了实现这一目标，信息的发布不仅需要考虑到形式的多样化，还需要建立有效的信息反馈机制。这一机制允许用户提供关于信息无障碍设计的意见和建议，从而在持续的反馈与改进过程中，优化信息传达方式。通过这种动态的优化机制，公共体育设施能够不断提升其信息服务的质量，确保每一位用户都能获得他们所需的信息。

公共体育设施的官方网站和应用程序是信息无障碍设计的重要组成部分。这些数字平台应具备无障碍功能，如语音识别和屏幕阅读器兼容性，以确保所有用户都能顺利获取信息。这样的设计不仅是对技术的有效利用更是对用户体验的深刻理解。通过在数字平台中加入无障碍功能，公共体育设施能够更好地服务于多样化的用户群体，满足他们在信息获取方面的不同需求。

三、公共体育设施设计的安全性标准

(一)结构稳定性要求

公共体育设施的设计在安全性方面具有极高的标准和要求。公共体育设施的设计必须严格遵循国家及地方建筑安全标准，以确保结构的安全性与稳定性。这不仅是对建筑质量的基本要求，也是对使用者生命安全的保障。

在设计阶段，工程师和建筑师需进行详细的结构分析与计算，以评估设施的承载能力和抗震性能。这种评估是为了确保设施能够在自然灾害中保持稳定，避免因设计不当而导致的结构失效。结构稳定性不仅依赖于设计，还需要使用优质的建筑材料。建筑材料的选择必须符合相关规范，以确保设施在使用过程中的耐久性和安全性。优质材料的使用可以降低设施的维护成本，同时提高其使用寿命。

为了进一步保障设施的安全性，定期进行结构安全检查与评估是必不可少的。这一过程有助于及时发现并修复潜在的安全隐患，从而为用户提供一个安全的使用环境。除了结构本身的稳定性，设计中还需考虑用户的流线与人流密度。合理配置空间可以避免因结构设计不当而造成的安全隐患，确保在高峰期使用时不出现拥堵或其他安全问题。

(二)紧急疏散通道设计

紧急疏散通道设计在公共体育设施的安全性标准中占据着至关重要的位置。

其设置于主要出入口，旨在确保用户在紧急情况下能够迅速、安全地撤离。设计时须遵循严格的安全标准，以保证在高流量人群聚集时，通道能够容纳快速通行，避免因拥堵或踩踏而引发的二次事故。尤其是在大型体育赛事或活动期间，紧急疏散通道的有效性直接关系到人员的生命安全。因此，通道的宽度、布局和材料的选择都必须经过周密的规划和严格的审查，以满足安全需求。

在紧急疏散通道的设计中，无障碍原则是不可或缺的一部分。这不仅仅是对行动不便人士的关怀和尊重，更是对所有用户安全的保障。无障碍设计要求通道的坡度、表面材质、宽度等方面都能适应轮椅、拐杖等辅助设备的使用，确保所有人都能在紧急情况下顺利通过。此外，通道的转弯半径和高度也需考虑到无障碍通行的需求，以避免因设计不当而造成的使用障碍。通过这样的设计，公共体育设施才能真正做到全民共享，安全第一。

指示标识的设置在紧急疏散通道设计中同样重要。这些标识不仅要清晰可见，还需在紧急情况下能够迅速引导人群找到安全出口。标识的设计应符合国际标准，采用统一的图形和颜色，以便于识别和理解。尤其是在光线不足或烟雾弥漫的环境中，发光或反光标识能够显著提升用户的反应效率。此外，标识的数量和位置也需经过仔细规划，确保在任何位置都能清楚地看到指引信息，从而提高紧急疏散的效率和安全性。

（三）防火安全措施保障

公共体育设施的防火安全措施是保障用户生命安全的重要环节。公共体育设施应配备自动火灾报警系统。在火灾发生时，这些系统能够及时发出警报，提醒在场人员迅速采取行动，从而有效减少人员伤亡和财产损失。自动火灾报警系统的设计不仅要考虑到设施的规模和结构，还需确保其灵敏度和可靠性，以便在第一时间检测到火灾隐患。

设施内部需要设置足够数量的灭火器和消防栓，这是防火安全措施的基础。灭火器和消防栓的分布应当合理，确保在火灾初期能够快速到达火源进行扑灭。定期检查和维护这些设备是至关重要的，以保证其在紧急情况下随时可用。通过严格的管理和维护，可以有效延长设备的使用寿命，并确保其在关键时刻发挥作用。

制定详细的消防安全管理制度是提升设施防火能力的关键。管理制度应包括定期的消防演练和安全培训，以提高员工和用户的消防意识和应急处理能力。通过模拟火灾场景，员工和用户可以熟悉紧急情况下的逃生路线和灭火操作，从而在真正的火灾中从容应对，最大限度地减少损失。

公共体育设施的设计还需考虑防火分区的设置。合理配置防火门和防火墙是降低火灾蔓延风险的重要手段。防火分区的设置可以有效阻止火势的扩散，为人员疏散争取宝贵的时间。此外，确保安全疏散通道的畅通无阻是设计中不可忽视的环节，应避免在疏散通道上堆放杂物。

四、公共体育设施的环境友好型标准

（一）生态环境保护

公共体育设施的建设在现代社会中扮演着重要角色，其环境友好型标准尤为关键。生态环境保护不仅是公共体育设施建设的基本要求，更是实现可持续发展的重要途径。公共体育设施的选址应优先考虑生态敏感区域，避免对自然栖息地和生物多样性造成负面影响。这一原则的实施可以有效减少建设活动对生态系统的干扰，保护珍贵的自然资源。同时，选址时应综合评估区域的生态承载能力，以确保设施的长期可持续运营。

在设计公共体育设施时，应采用可再生能源技术，如太阳能和风能，以减少碳排放和能源消耗。这不仅能降低设施在运营过程中的环境成本，还能提供绿色能源使用的示范效应。通过引入先进的可再生能源技术，公共体育设施可以在降低环境负担的同时，提高能源使用效率，推动绿色建筑的发展。此外，采用可再生能源技术也是全球应对气候变化的重要策略之一，符合国际发展趋势。

公共体育设施的建设应使用环保材料，确保建设过程中的低污染和可持续性，减少对环境的影响。在建筑材料的选择上，优先考虑可再生、可回收的材料，以降低建筑废弃物的产生和环境污染。环保材料的使用不仅能减少对自然资源的消耗，还能提升建筑的整体质量和使用寿命。通过严格的材料选择和施工管理，确保公共体育设施在建设和运营过程中对环境的影响最小化。

设施周边的绿化设计应注重本土植物的使用，以促进生态平衡和提升区域的生物多样性。绿化不仅能改善设施的视觉效果，还能有效调节区域小气候，提供栖息地和食物来源，支持多样的生物群落。利用本土植物进行绿化设计，可以减少水资源的消耗和养护成本，同时增强生态系统的稳定性和适应性。绿化设计的合理规划对于提升公共体育设施的环境效益具有重要意义。

(二)噪声控制措施

公共体育设施应采用声学材料进行设计,这些材料具有良好的吸音效果,能够有效减少噪声的传播,从而提升使用环境的舒适度。声学材料的应用不仅能降低设施内部的噪声干扰,还能减少对周边环境的影响,确保体育活动在一个安静的环境中进行。此外,声学设计的优化也有助于提升设施的整体使用效率,使不同的运动项目可以在同一时间段内进行,而不相互干扰。

在公共体育设施周围设置绿化带是一项有效的噪声控制措施。植物的天然屏障作用能够有效降低外部噪声对运动环境的影响,同时还可以改善空气质量,提供一个更为宜人的运动环境。绿化带的设置需要结合当地的自然条件和植物特性,选择适宜的植物种类,以达到最佳的降噪效果。此外,绿化带的设计还应考虑到美观性和可持续性,使其不仅成为噪声的屏障,也成为整体景观设施的一部分,提升设施的整体环境质量。

合理规划公共体育设施的布局是噪声控制的关键。通过科学的规划,确保运动区域与居民区、商业区等噪声敏感区域保持合理距离,可以有效减少噪声干扰。设施的布局设计需要综合考虑周边环境的特点,以及设施自身的功能需求,以实现噪声控制与设施功能的最佳平衡。在实际操作中,布局规划还需与城市规划部门密切合作,确保设施的建设符合城市整体发展的要求。

引入低噪声的运动器械和设备是提升用户体验的重要措施。现代科技的发展使许多运动器械在设计时都考虑了噪声控制的问题,通过使用新材料和新技术,这些器械在运行时产生的噪声大大降低。选择低噪声设备不仅可以改善用户的锻炼体验,还能减少对周边环境的噪声污染。在设备的采购和使用过程中,管理者应关注设备的噪声水平,并将其作为选择设备的重要标准之一。

(三)废弃物管理策略

废弃物管理策略在公共体育设施的建设与管理中至关重要,直接影响着设施的环境友好型和可持续发展。建立全面的废弃物分类体系是这一策略的核心,通过明确可回收、不可回收和有害废弃物的分类与处理,能够有效提升资源利用率,减少对环境的污染。分类体系的完善不仅需要科学的分类标准,还需配备相应的设施以支持分类处理的实施。这一体系的成功推行,也依赖于用户的积极参与和管理者的有效监督,确保分类的准确性和资源的高效再利用。

制订废弃物管理计划是确保公共体育设施内外环境整洁与卫生的必要步骤。该计划应包括定期清理与维护的时间表，以防止废弃物的堆积对环境造成影响。此外，管理计划还需涵盖突发情况的应对措施，以便在异常情况下迅速处理废弃物问题，保障设施的正常运作。通过制订系统的管理计划，设施运营方能够有效地控制废弃物的产生与处理，维护良好的生态环境和用户体验。

引入智能化废弃物管理系统是提高管理效率的重要手段。通过在设施内安装监测设备，可以实时跟踪废弃物的产生和处理情况，从而为管理者提供科学的数据支持。这些数据不仅有助于优化废弃物处理流程，还能帮助识别问题区域，制订针对性的改进措施。智能化系统的应用，使废弃物管理更加精准和高效，减少了人力资源的浪费，也提升了设施的整体管理水平。

开展废弃物减量宣传教育活动是增强用户环保意识的有效途径。通过多样化的宣传方式，如工作坊、讲座和互动活动，用户能够更深入地了解废弃物管理的重要性及其对环境的影响。这种教育活动不仅能够激发用户的参与热情，还能促使他们在日常生活中养成良好的环保习惯。用户的积极参与是废弃物管理策略成功的关键，能够有效推动公共体育设施的环境友好性提升。

第三节　公共体育设施的运营与维护

一、公共体育设施的日常管理制度

(一)管理制度的制定

在公共体育设施的运营中，管理制度的制定至关重要。明确的管理职责与分工是提升管理效率的基础。通过合理的职责划分，各部门能够在设施运营中各司其职，确保管理工作的有序进行。明确的职责不仅能提高工作效率，还能减少资源浪费，优化设施的整体运营。在管理制度中，职责分工的明确性直接影响到设施的使用效果与用户的满意度，因此，制度的制定应当从实际需求出发，结合具体的运营环境，确保每一个环节都能高效运作。

定期的设施检查与维护制度是确保设备安全性与功能性的关键。通过定期检查，管理者能够及时发现并解决潜在问题，避免因设备故障带来的安全隐患。维护制度的实施不仅延长了设备的使用寿命，还保障了用户在使用过程中的安全性。对于公共体育设施而言,安全性是运营管理中的重中之重,因此,检查与维护制度应当严格执行,确保设备始终处于最佳状态。

制定用户行为规范与安全管理措施是保障用户在使用设施过程中的安全的重要手段。通过明确的行为规范,用户能够了解正确的使用方式,减少因不当操作导致的事故发生。安全管理措施则为用户提供了使用保障,降低了事故风险。这些规范与措施需要结合设施的具体特点与用户的使用习惯,以确保其有效性与可操作性。通过这样的管理,公共体育设施的使用安全性能够得到有效提升。

(二)管理制度的执行

在公共体育设施的日常管理中,管理制度的执行是确保设施正常运作的关键环节。管理制度的执行不能只是纸上谈兵,而是需要在实际运营中严格贯彻落实。定期检查与维护制度的落实至关重要。通过定期的检查,可以及时发现设施中存在的潜在问题,并迅速采取措施加以解决。这不仅保障了设施的安全性,也确保了其功能性的持续性。其次,用户行为规范的宣传与培训同样不可或缺。通过广泛的宣传和有效的培训,用户的安全意识得以增强,从而有效减少事故的发生。

用户反馈机制的实施与评估是管理制度执行中不可或缺的一环。通过及时收集用户的意见和建议,管理者能够了解用户的真实需求和体验,从而在服务质量和管理制度上进行持续改进。有效的反馈机制不仅能够提高用户满意度,还能为管理者提供宝贵的参考信息,使公共体育设施的管理更加科学化和人性化。

二、公共体育设施的安全保障措施

(一)安全检查流程制定

公共体育设施的安全检查流程是确保设施正常运转和使用者安全的关键环节。制订详细的安全检查计划是流程的第一步,计划中需明确检查的频率和范围,以确保覆盖所有公共体育设施的关键区域和设备。这不仅有助于及时发现和解决潜在的安全隐患,还能为设施的长期安全运营奠定基础。安全检查的频率应根据设施的使用情况、设备的复杂程度以及历史检查记录进行科学设定,以达到最佳的预防效果。

建立安全检查记录系统是安全管理的重要组成部分。该系统应详细记录每次检查的结果、发现的问题及后续处理措施。这种记录不仅为日常管理提供了数据支持，还能在安全事故发生时提供重要的追溯依据。通过对记录的系统分析，管理者可以评估安全管理的效果，并对安全检查计划进行动态调整，提高整体管理水平。

组建专业的安全检查团队是确保检查质量的必要条件。团队成员必须具备相关的安全知识和技能，能够有效识别潜在的安全隐患。为此，必须在团队组建初期进行严格的人员筛选和培训，确保每位成员都能胜任其职责。此外，团队内部应建立明确的分工和协作机制，以提高检查效率和准确性。

定期开展安全检查培训是提高管理人员和工作人员安全意识的重要手段。通过培训，相关人员可以掌握最新的安全管理知识和应急处理技能，确保他们能够及时应对突发事件。培训内容应包括安全设备的使用、常见隐患的识别、应急预案的执行等，以全面提升团队的综合应对能力。

（二）应急预案制定

应急预案的制定是公共体育设施安全保障中的关键环节。详细的应急预案不仅包括对各类突发事件的应对流程，如火灾、地震和医疗急救等，还必须确保在紧急情况下能够快速反应。这些预案需要涵盖从事件发生到事后处理的全过程，明确每个步骤的具体操作方法和注意事项，以便在实际操作中具有较强的指导性和可操作性。通过对不同类型突发事件的深入分析，制定出切实可行的应对策略，从而为公共体育设施的安全运营提供坚实的保障。

明确应急预案中的责任分工是提高应急处理效率的重要手段。各个应急管理团队成员的职责和任务需要在预案中详细列明，以确保每个人在紧急情况下都能明确自己的角色和责任。这不仅有助于提升团队协作能力，还能有效避免因职责不清导致的混乱和延误。通过指定专门的应急管理团队，并对其进行系统培训，可以大幅提高应急处理的专业性和效率，确保在突发事件中能够迅速做出反应，最大限度地减少损失。

定期组织应急演练是检验应急预案可行性的重要方式。通过模拟不同类型的突发事件，可以有效检验应急预案的实际操作效果和团队成员的应急反应能力。演练过程中，团队成员可以熟悉应急流程，锻炼应对突发事件的能力，同时也能及时发现预案中的不足之处。通过对演练结果的分析和总结，及时修正和完善应急预案，使其更加贴合实际需求，从而提升公共体育设施的整体安全保障水平。

建立应急资源储备机制是确保突发事件中快速反应的基础。急救设备、消防器材和应急通信工具等资源的储备和管理需要科学合理，以便在紧急情况下能够迅速调动必要资源进行应对。资源储备机制不仅要求对物资进行定期检查和更新，还需制定详细的调配流程，确保在突发事件中能够高效运作。通过完善的资源储备机制，可以为应急处理提供有力支持，提升公共体育设施的安全保障能力。

（三）安全培训与教育

有效的安全培训与教育是保障公共体育设施安全的重要措施。建立定期的安全培训计划至关重要，这不仅有助于确保所有员工和管理人员接受最新的安全知识和技能培训，还能显著提升他们应对突发事件的能力。通过系统化的培训，员工可以更好地理解安全操作规程，掌握应急处理技巧，从而在实际工作中有效地预防和应对各类安全隐患。此外，培训计划的定期性和系统性有助于形成一种持续学习的文化，确保安全意识深入人心。

针对不同类型的用户群体，设计专门的安全教育课程是降低事故发生率的关键措施。这些课程应根据用户的年龄、身体状况和使用设施的频率等因素进行定制，以便更好地满足不同用户的需求。通过这种有针对性的教育，用户可以更深入地理解和遵守安全规范，从而在使用设施时采取更为安全的行为。这种差异化的安全教育策略，不仅提高了用户的安全意识，还能有效减少因误操作或不当使用而引发的安全事故。

开展多样化的安全意识宣传活动，可以显著增强公众对安全问题的关注和参与。通过海报、讲座和互动活动等多种形式，安全信息能够更广泛地传播到各个群体。这些活动不仅能提高公众对安全问题的认知水平，还能激发他们积极参与安全管理的热情，形成良好的安全文化氛围。安全文化的建立，不仅依赖于管理者的推动，更需要全体公众的共同参与和维护。

三、公共体育设施的维护与保养技术

（一）设备维护技术

设备维护技术在公共体育设施的管理中占据重要地位。设备的正常运转不仅关乎设施的使用效率，还直接影响用户的安全与体验。因此，建立一套科学的设备维护技术体系是至关重要的。设备维护技术的核心在于其系统性和专业性，需要结合现代科技手段，确保设备在高效、安全的状态下运行。这需要技术人员具备扎实的专业知识和实践操作能力，以便在日常维护中及时发现和解决问题，提升设备使用的可靠性和安全性。

设备维护的定期检查制度是设备维护技术中的重要组成部分。通过制订详细的检查计划，确保所有体育器械和设施按照预定时间表进行全面检查，是维护工作的基础。定期检查不仅可以及时发现潜在问题，而且有助于在问题恶化前进行修复，避免因设备故障导致的用户安全隐患和设施停用。通过科学的检查制度，能够有效提升设备的使用寿命和安全性，保障公共体育服务的连续性和可靠性。

设备维护的记录管理是设备维护技术的另一关键环节。通过建立详细的维护日志，记录每次维护的内容、时间和责任人，可以为后续的设备管理提供重要的数据支持。这种记录管理不仅有助于追踪和分析设备的使用情况，还能为设备的更新和改造提供科学依据。维护日志的系统化管理，有助于提高设备管理的透明度和科学性，确保设备在全生命周期内的高效运转。

设备维护的专业培训是确保维护工作质量的关键。为维护人员提供必要的技术培训，能够确保他们掌握设备的操作和维护技能，提高维护工作的专业性和有效性。通过系统的培训，维护人员可以更好地了解设备的结构和功能，从而在日常操作和维护中更加得心应手。专业培训不仅提升了维护人员的技能水平，也为设备的安全运行提供了有力保障。

设备维护的清洁与保养是延长设备使用寿命的有效手段。定期对体育器械进行清洁和保养，不仅可以保持设备的外观和性能，还能预防因污垢和磨损导致的功能失效。通过规范的清洁与保养操作，能够确保设备在最佳状态下运行，为用户提供更好的使用体验。这种日常的维护保养工作，是设备长久使用和安全运行的基础。

(二)场地保养方法

在公共体育设施的维护中，场地保养的核心在于确保场地的安全性和使用性能。定期进行场地表面清洁是基本的维护措施，通过清除杂物和污垢，不仅提升了使用者的安全与舒适度，还能有效延长场地的使用寿命。清洁过程中，需选用适合的工具和清洁剂，以避免对场地材料造成损伤。此外，清洁频率应根据场地使用情况和天气条件进行调整，以确保场地始终处于最佳状态。

根据不同运动项目的特性，场地的损坏区域需要定期检查和修复。不同的运动项目对场地的要求各异，因此在维护时需有针对性地进行处理。通过定期检查，可以及时发现并修复损坏区域，避免小问题演变为大问题，确保场地性能和安全性。修复工作应由专业人员进行，以保证修复质量和场地的长期使用效果。对于一些特殊材质的场地，还需根据材质特性选择合适的修复材料和方法。

场地的排水系统是维护工作中的另一个关键点。良好的排水系统能够防止积水现象，保障场地在不同天气条件下的可用性。定期对排水系统进行检查和清理，确保其畅通无阻，尤其是在雨季来临之前，更需加强排水系统的维护工作。积水不仅会影响场地的使用，还可能对场地基础设施造成损害，因此排水系统的维护不容忽视。

草坪或地面材料的定期施肥和养护是保持场地良好状态和使用性能的重要措施。施肥可以为草坪提供必要的营养，促进其健康生长，养护则包括修剪、浇水等日常工作。根据草坪的生长周期和天气变化，合理安排施肥和养护计划，以确保草坪始终处于良好状态。对于人造草坪或其他地面材料，也需定期进行检查和维护，保证其使用性能。

（三）维护周期管理

维护周期管理在公共体育设施的运营中占据重要地位，其合理性直接影响设施的使用寿命和用户体验。维护周期的制订应基于设备使用频率和场地特性。高频使用的设备，如健身器材和篮球场地，需要更短的维护周期，以确保其始终处于良好状态。场地特性则要求考虑材料的耐用性和环境适应性，确保定期检查与保养能够有效延长设施的使用寿命。通过科学的周期管理，设施的使用效率和安全性将得到显著提升。

建立详细的维护记录系统是维护周期管理的重要组成部分。每次维护的内容、时间和责任人都应详细记录，以便于追踪和评估维护效果。这一系统不仅有助于及时发现问题，防止小故障演变为大问题，还能通过历史数据分析，优化未来的维护计划。维护记录系统的有效实施需要各级管理人员的配合与重视，以确保信息的准确性和及时性，从而为设施的长效运营提供坚实保障。

维护周期管理还需结合季节变化和气候因素进行调整。不同的天气条件对设施的影响各异，例如，雨季可能导致设施生锈或地面湿滑，而冬季的低温可能影响材料的韧性。因此，维护计划应灵活应对这些变化，采取相应的预防措施。这种动态调整不仅能提高设施的耐用性，还能提升用户的使用安全性和舒适度，进而提高公共体育服务的整体质量。

定期评估维护周期的有效性是优化维护策略的重要手段。通过收集用户反馈和使用数据，管理者可以识别出当前维护计划中的不足之处，并进行相应的调整。用户的直接反馈往往能提供最真实的使用体验，而使用数据则为客观分析提供了基础。结合这两方面的信息，维护策略的优化将更具针对性，有助于提高设施的安全性和使用效率。

四、公共体育设施的资源配置与优化

（一）资源配置原则

资源配置原则在公共体育设施的建设与管理中扮演着关键角色。合理的资源配置不仅有助于提高设施的使用效率，还能促进体育资源的公平分配。资源配置应基于区域内居民的运动需求和参与意愿，确保体育设施能够满足不同群体的使用要求。居民的运动需求常常多样化且不断变化，因此在资源配置过程中，需进行充分的调研和需求分析，以便准确把握目标人群的特定需求。同时，这种需求导向的配置策略能够提升居民对体育设施的认可度和使用积极性，从而实现资源的最优配置。

资源配置需考虑设施的多功能性，以提高设施的综合利用率，满足多样化的活动需求。多功能体育设施能够在有限的空间内提供多种运动项目的选择，满足不同年龄层次和兴趣爱好的群体。这种多功能性的设计不仅可以节约建设成本，还能通过灵活的空间使用，提升设施的运营效率。多功能设施的配置还需要考虑到活动的兼容性和设施的耐用性，以确保在长期使用过程中，设施能够保持良好的状态并持续满足使用者的需求。

应优先配置资源于高人口密度区域，以提升设施的利用率和服务覆盖面，促进全民健身。高人口密度区域的居民通常对体育设施有更高的需求，因此在这些区域优先配置资源，可以有效提高设施的使用频率和服务对象的覆盖面。此外，高人口密度区域通常具备良好的社区氛围，居民之间的互动频繁，这为体育活动的推广和全民健身的实现提供了良好的基础。因此，在资源有限的情况下，优先考虑高人口密度区域的资源配置是实现资源利用最大化的有效策略。

交通便利性是影响居民使用体育设施的重要因素之一。资源配置应结合交通便利性，确保体育设施与公共交通网络的衔接，提高居民的到达便利性。特别是在城市中心区域，交通便利性更为重要，因为交通拥堵和停车困难可能成为居民参与体育活动的障碍。因此，资源配置过程中应充分考虑交通因素，以便为居民提供便捷的体育参与条件。

(二)设施共享机制

设施共享机制是提升公共体育设施使用效率的重要策略。通过建立一个公共体育设施共享平台,可以促进不同机构和社区之间的资源整合与信息交流。这一平台不仅提升了设施的使用效率,还能有效地减少重复建设和资源浪费。通过共享平台,各方可以实时了解设施的使用情况和空闲时间,从而合理安排活动,避免资源闲置。同时,这种机制也有助于扩大体育设施的可及性,让更多人能够享受到公共体育资源带来的健康福利。

为了确保设施共享的顺利进行,制定共享设施的管理规范是至关重要的。管理规范需要明确使用规则和责任,确保设施的安全和维护。这不仅包括设施的日常维护,还涉及使用者的行为规范,以避免使用冲突。通过清晰的管理制度,使用者在享用设施的同时,也承担起相应的责任,形成良好的共享文化。此外,管理规范的制定还应考虑到各类使用群体的差异,提供灵活的使用方案,以满足不同群体的需求。

鼓励学校、社区和企业等多方开展合作,是推动设施共享的重要举措。通过多方合作,共享体育设施资源,可以有效推动全民健身活动的开展,提升社区参与度。学校可以在非教学时间开放体育场馆,社区可以在节假日提供场地,而企业则可以在非工作时间开放健身设施。这种合作不仅能够最大化设施的使用效率,还能加强社区凝聚力,促进社会和谐发展。

智能化技术的应用为设施共享机制的高效运作提供了技术支撑。通过智能化技术,用户可以方便地进行设施预约与管理,从而提升共享效率。智能预约系统能够实时更新设施的使用状态,用户可以通过手机应用或网站轻松查询和预约。同时,智能化管理系统还可以监控设施的使用情况,及时发现和解决问题,确保设施的安全和有效使用。这种技术的应用,不仅提升了用户体验,也为设施管理者提供了便利。

(三)资源利用评估

资源利用评估在公共体育设施管理中扮演着至关重要的角色。为了全面分析公共体育设施的使用情况与效果,评估体系需要结合定量与定性的方法。定量评估可以通过使用频率、时段分布等客观数据来衡量设施的利用效率;而定性评估则侧重于用户体验与反馈，了解用户在使用过程中的满意度和遇到的问题。通过这种综合性的评估方法，可以更准确地掌握设施的实际使用状况，为后续的资源配置与优化提供科学依据。

定期开展用户满意度调查是资源利用评估的一个关键环节。通过收集用户对设施使用的反馈信息，管理者可以深入了解设施在服务质量与适用性方面的表现。这些反馈不仅有助于识别设施运营中的薄弱环节，还能为设施的改进提供直接的用户视角。此外，用户满意度调查结果还可以作为衡量公共体育设施服务水平的重要指标，指导管理者在设施维护和服务提升方面做出更具针对性的决策。

在现代化管理中，数据分析技术的应用为公共体育设施的资源优化提供了新的可能。通过监测设施的使用频率和时段分布，管理者可以识别出高峰与低峰时段，从而在资源配置上进行合理的调整。例如，在高峰时段增加开放设施的数量或延长开放时间，以满足用户需求；而在低峰时段，则可以通过合理调配资源，降低运营成本。这种数据驱动的管理方式，不仅提升了资源利用效率，也增强了公共体育服务的灵活性与响应能力。

资源利用评估还应特别关注不同用户群体的参与情况。通过分析各类人群的运动需求与偏好，管理者可以更好地理解设施的使用特征，进而指导设施的改进与调整。例如，针对不同年龄段、性别或兴趣的用户群体，设施可以提供更加个性化的服务和项目，提升用户的参与度和满意度。这种以用户需求为导向的评估方法，有助于实现公共体育设施的多样化和个性化发展。

第四节　公共体育设施的共享与利用

一、公共体育设施共享的模式

（一）合作共享模式

公共体育设施的合作共享模式是通过不同机构之间的资源整合，提升设施的使用效率和服务范围。这种模式强调学校、社区和企业等多方的共同参与，形成合力推动全民健身活动的开展。通过合作共享，公共体育设施能够实现时间和空间的灵活配置，以满足多样化的运动需求。这种模式不仅有助于减少重复投资，还能有效降低设施的运营成本，提高资源的利用率。

合作共享模式的实施需要建立一个高效的共享平台，以简化预约流程，提升用户体验。这种平台的建立能够促进公众参与，增加用户的满意度。通过这种方式，公共体育设施的使用将不再局限于特定的时间和群体，而是可以在更广泛的范围内被利用。合作共享模式的成功实施，还能够为其他公共服务领域提供借鉴，推动公共资源的更高效配置和使用。

在合作共享模式下，学校、社区和企业等不同主体之间的合作是关键。通过明确各方的权责和利益分配，可以最大限度地发挥各自的优势，形成协同效应。学校可以在课余时间开放体育设施供社区使用，而企业则可以通过赞助或合作的方式参与到公共体育设施的建设和维护中。这种多方参与的模式，不仅丰富了公共体育服务的内容，也增强了社会各界对公共体育事业的支持和参与热情。

（二）社区共享模式

社区共享模式着眼于充分利用社区内部现有的资源，实现公共体育设施的高效利用和整合。这一模式不仅仅是对设施的物理共享，更强调通过体育活动增强社区居民的参与感和归属感。通过社区共享模式，居民可以在熟悉的环境中享受体育活动的乐趣，这种模式不仅提升了设施的使用效率，还促进了社区凝聚力的增强。居民在参与体育活动的同时，能够更好地融入社区，形成积极健康的生活方式。

为了实现社区共享模式的目标，建立社区体育组织是一个关键步骤。这些组织可以通过组织各种体育活动和赛事，鼓励居民自发参与，形成一个良好的社区运动氛围。通过这样的方式，不同年龄段的居民都能找到适合自己的体育活动，进而提升公共体育设施的使用率。社区体育组织不仅是活动的组织者，也是居民之间沟通的桥梁，通过活动的开展，促进居民之间的交流与合作。

信息共享与沟通在社区共享模式中同样扮演着重要的角色。通过社区平台，居民可以方便地获取活动信息和设施使用情况。这种信息的透明化和及时性，能够增强居民对公共体育设施的认知和参与意愿。居民在了解设施使用情况后，可以更合理地安排自己的体育活动时间，从而提高设施的利用效率。此外，信息的共享也为社区居民提供了一个交流和反馈的平台，进一步促进了社区内部的互动。

社区共享模式的成功实施离不开与地方政府和企业的合作。通过这种合作，社区可以获得更多的资金和资源支持，从而提升公共体育设施的建设和维护水平。地方政府和企业在支持社区体育事业发展的同时，也能通过体育活动提升自身的社会形象和影响力。这样的合作不仅有利于社区体育设施的可持续发展，也推动了社区体育事业的整体进步。

（三）商业共享模式

商业共享模式在公共体育设施的管理中发挥着重要作用。通过引入企业投资和管理，这种模式有效提升了公共体育设施的资金和资源配置效率。企业的参与不仅为设施建设提供了充足的资金支持，还带来了先进的管理理念和技术手段，使公共体育设施的运营更加高效和可持续。同时，商业共享模式能够灵活调动市场资源，推动公共体育设施的多元化发展和创新。

在商业共享模式下，企业与地方政府的合作成为关键。企业利用其丰富的运营经验和市场化管理手段，能够显著提高公共体育设施的服务质量和运营效率。这种合作模式不仅有助于降低政府的管理成本，还能为公众提供更优质的服务体验。此外，企业的参与也为公共体育设施的管理引入了竞争机制，促使设施运营方不断提升服务水平，以满足用户不断变化的需求。

商业共享模式通过会员制或付费使用的方式，吸引更多用户参与，增加设施的使用频率和收益。会员制不仅能够为设施运营方提供稳定的收入来源，还能增强用户的归属感和忠诚度。而付费使用则为不同需求的用户提供了灵活的选择，能够有效促进设施的充分利用。这种模式的实施，使公共体育设施能够更好地服务于社会，提高了资源的使用效率和社会效益。

通过商业共享模式，公共体育设施能够促进多元化的体育活动和赛事的举办，吸引赞助商和媒体的关注。这不仅提高了设施的知名度和影响力，也为当地的体育文化发展注入了新的活力。各种形式的体育活动和赛事的开展，不仅丰富了市民的文化生活，还促进了地方经济的发展，成为城市品牌建设的重要组成部分。

二、公共体育设施利用率的提升策略

（一）设施优化配置

在现代城市发展过程中，公共体育设施的优化配置显得尤为重要。根据居民的运动需求，合理配置不同类型的体育设施，能够有效满足多样化的运动选择和参与意愿。通过深入了解社区居民的运动习惯和偏好，城市规划者可以制定出更具针对性的设施配置方案。例如，在年轻人聚集的区域，可以增加篮球场和健身器材，而在老年人较多的社区，则可以增设太极广场和步道。这种因地制宜的设施配置策略，不仅能够提高设施的使用率，还能增强居民的健康水平和生活质量。

优化设施布局是提升公共体育设施利用率的另一关键策略。合理规划各类体育设施之间的空间关系，确保其在地理位置上的可达性，能够有效提升设施的使用效率。通过科学的布局设计，居民可以在较短的时间内到达运动场所，从而激发其运动热情。此外，合理的设施布局还可以避免不同设施之间的功能冲突，提升整体的使用体验和管理效率。城市规划者需要综合考虑交通便利性、人口密度及居民的运动习惯，以实现设施布局的最优化。

引入智能化管理系统是现代公共体育设施管理的重要手段。通过实时监测设施使用情况，管理者可以动态调整开放时间和资源分配，从而提高设施的利用率。智能化系统不仅可以提供实时的数据支持，还能通过大数据分析预测未来的使用趋势，帮助管理者提前做好设施的维护和资源调配。此外，智能化管理还能提升用户的使用体验，用户可以通过手机应用查询设施的开放情况和预约使用情况，合理安排时间。

定期开展用户需求调研是设施优化配置的基础。通过收集居民的反馈信息，管理者可以了解用户的实际需求和使用体验，以便根据用户的需求变化进行设施的优化和调整。用户需求调研不仅能提供直接的数据信息，还能帮助管理者识别潜在的问题和改进方向。通过与居民的互动和沟通，管理者可以增强居民对公共体育设施的归属感和参与度，从而进一步提升设施的使用频率。

(二)用户需求分析

用户需求分析是提升公共体育设施利用率的重要手段，通过深入了解用户的需求，可以更好地优化设施的使用效率。用户需求不仅仅体现在对设施本身的要求，还包括对开放时间、管理服务、活动组织等多方面的期待。用户对不同运动项目的偏好差异显著，这种多样性不仅体现在年龄和性别上，还涉及个体的兴趣和健康状况。为了满足这种多样化的需求，公共体育设施需要提供丰富的项目选择，确保不同用户群体都能找到适合自己的运动方式。

用户对公共体育设施开放时间的需求也值得关注。高峰时段的设施使用往往紧张，而低峰时段则可能存在资源闲置的现象。因此，合理安排开放时间，特别是在高峰时段提供足够的场地和服务，将有助于提升整体利用率。此外，灵活的开放时间安排可以更好地满足不同用户的生活节奏，使更多人有机会参与到体育活动中来。

设施的安全性和舒适度是影响用户参与意愿和体验的重要因素。用户对这些方面的重视,不仅关乎他们的身体健康和活动体验,也直接影响到设施的使用频率。安全的设施环境和舒适的运动条件能够增强用户的信任感和满意度,从而提高他们的参与积极性。因此,定期的设施检查和维护、舒适的环境设计都是提升用户体验的重要措施。

用户对设施管理和服务质量的期望也不容忽视。设备的良好维护和工作人员的专业素养直接影响到用户对设施的评价和使用意愿。高质量的管理服务能够提升用户的满意度,从而提高设施的使用频率。因此,管理人员需要具备专业的服务意识和技能,确保设施的高效运作和用户的良好体验。

(三)活动多样化开展

公共体育设施的活动多样化是提升其利用率的关键策略。通过定期举办多样化的社区运动会,不仅可以吸引不同年龄段的居民参与,还能有效增强社区的凝聚力和互动性。社区运动会作为一种集体活动,能够促进居民之间的交流与协作,形成良好的社区氛围。这些活动不仅限于竞技项目,还可以包括趣味性较强的活动,如趣味跑、家庭接力赛等,增加参与者的兴趣和参与度。通过这样的方式,公共体育设施不仅仅是一个运动场所,更是一个社区交流的平台。

开展针对特定人群的健身课程也是活动多样化的体现。不同的人群有着不同的运动需求,提供多样化的健身课程正好可以满足这些需求。例如,为老年人开设太极拳课程,帮助他们提高身体韧性和心理健康;为青少年提供篮球训练,提升他们的团队合作能力和身体素质。这种有针对性的课程设计,不仅能够吸引更多的参与者,还能提升公共体育设施的服务质量和用户满意度。

引入新兴运动项目是丰富公共体育设施活动内容的另一有效策略。随着社会的发展,极限运动和电子竞技等新兴运动项目逐渐受到年轻人的喜爱。通过在公共体育设施中引入这些项目,可以吸引年轻人积极参与,激发他们的运动热情。新兴运动项目不仅可以满足年轻人的运动需求,还能为公共体育设施注入新的活力,推动其创新与发展。

组织季节性体育活动也是提升公共体育设施使用率的重要手段。根据不同季节的特点,开展相应的体育活动,如夏季的游泳比赛和冬季的滑雪体验,不仅可以丰富居民的生活,还能提升设施的使用效率和参与度。季节性活动的组织需要考虑天气、场地等因素,以确保活动的安全和顺利进行。通过这样的活动安排,公共体育设施可以在不同季节都保持较高的利用率。

三、公共体育设施共享中的安全与管理

(一)安全管理制度

安全管理制度在公共体育设施共享中扮演着至关重要的角色。建立完善的安全管理制度,需要明确各级管理人员的职责和权限,确保安全管理工作的有效开展。管理人员的职责不仅限于日常的监督和检查,还包括在紧急情况下的快速决策和行动。明确的职责分配和权限设定,有助于提高管理效率,确保安全问题能够得到及时的处理和解决。

定期开展安全培训是提高员工和用户安全意识的关键措施。通过系统的安全培训,员工和用户可以更好地了解安全规范和应急处理流程。这不仅可以提高他们在突发事件中的应对能力,还能在日常的设施使用中,减少因不当操作引发的安全事故。安全培训的内容应包括基本的安全知识、设施使用规范以及应急处理技能,以确保所有参与者都能在安全的环境中进行体育活动。

制订安全检查计划是保障公共体育设施安全性和使用可靠性的必要手段。定期对设施进行全面的安全隐患排查,可以及早发现并处理潜在的问题,防止事故的发生。检查计划应包括设施的结构安全、设备的运行状况以及环境的清洁卫生等方面。通过系统的安全检查,可以确保设施始终处于良好的使用状态,为用户提供安全、舒适的体育活动环境。

建立用户安全反馈机制是完善安全管理制度的重要环节。鼓励使用者积极发现并反馈安全隐患和问题,可以及时获取一线的安全信息,帮助管理者迅速做出调整和改善措施。用户反馈不仅是安全管理的补充信息来源,也是提升用户满意度的重要途径。通过积极响应用户的反馈,管理者可以不断优化设施的安全管理,提升整体服务质量。

(二)设施维护与保养

设施的维护与保养是确保公共体育设施安全性和功能性的关键环节。定期进行设施的全面检查是维护工作的基础,通过定期检查,可以及时发现潜在问题并进行修复,防止小问题演变为大故障。这不仅有助于保障使用者的安全,还能维持设施的正常运转,确保其服务功能的持续性。检查工作应包括对所有设备和

场地的细致评估，涵盖结构稳定性、电气系统、表面磨损等方面，以便在问题初现时即采取有效措施。

建立详细的维护记录系统是现代设施管理的重要手段。通过记录每次维护的内容、时间和责任人，可以实现对设备使用情况的追踪和分析。这一系统不仅能够帮助管理者了解设施的使用频率和磨损情况，还能为未来的维护工作提供数据支持。通过对历史数据的分析，管理者可以预测设施可能出现的问题，进而制定更为科学的维护计划，提升管理效率。

为维护人员提供专业培训是提升设施维护质量的有效途径。只有当维护人员具备足够的设备操作和维护技能，才能在日常工作中准确判断设备的状态，并采取适当的维护措施。专业培训应涵盖设备的基本操作、常见故障诊断以及应急处理等内容，以提高维护工作的专业性和有效性。这不仅能降低设备故障率，还能延长设备的使用寿命。

定期对体育器械进行清洁与保养是确保设备在最佳状态下运行的重要措施。清洁工作不仅可以延长设备的使用寿命，还能提升使用者的体验。特别是在户外设施中，设备容易受到自然环境的影响，定期清洁有助于防止腐蚀和老化。此外，保养工作还包括对设备进行润滑、紧固等操作，以确保其运作的顺畅性和安全性。

（三）用户行为规范

公共体育设施的共享与利用在现代社会中扮演着重要角色，用户行为规范的制定和遵守是确保这些设施有效运作的基础。用户在使用公共体育设施时，应严格遵守相关的预约制度。合理的预约制度不仅有助于优化设施的使用效率，还能有效避免资源的浪费和使用冲突。通过预约系统，用户能够按照规定的时间和流程使用设施，从而最大限度地提高资源的利用率。此外，预约制度的实施也为管理方提供了更好的数据支持，便于进行资源的合理调配和设施的维护。

保持公共体育设施的清洁与卫生是每个用户的责任。用户在使用设施时，应自觉维护环境卫生，使用后及时清理个人物品和垃圾。这样的行为不仅是对其他用户的尊重，也为自己和他人创造了一个良好的使用体验。公共设施的清洁状况直接影响到用户的健康和安全，因此，用户的自觉维护是必不可少的。

安全规范是用户在使用公共体育设施时必须遵循的重要准则。用户应正确使用设施和器械，避免不当操作导致的安全隐患。安全问题不仅关系到用户自身的健康，也涉及他人的安全。因此，用户在参与体育活动时，应充分了解并遵循安全使用指引，确保自身及他人的安全。管理方也有责任为用户提供必要的安全指导和培训，帮助用户掌握正确的使用方法，降低意外事故的发生率。

尊重其他使用者的权利是构建和谐运动氛围的重要原则。用户在使用公共体育设施时，应避免产生过多的噪声或干扰，确保不影响他人的正常使用。这种尊重和理解是促进良好社交环境的基础，能够增强用户之间的互动和交流，提升整体的使用体验。通过营造和谐的运动氛围，公共体育设施不仅成为锻炼身体的场所，更成为促进社会和谐的重要平台。

第四章　公共体育活动的组织与推广

第一节　公共体育活动的主要类型

一、群众性体育活动

（一）群众参与

在公共体育活动的发展过程中，群众是参与的主要角色。群众参与不仅是体育活动的基础元素，还可以增强社区的凝聚力，促进社会交往和互动。通过参与各种体育活动，社区成员不仅能增进彼此间的了解和信任，还能建立更紧密的社会网络。这种社会资本的积累，能够有效提升社区的团结和和谐程度，有助于构建一个充满活力和互助精神的社会环境。

群众参与也是提高公众对体育活动认知和重视程度的关键途径。通过广泛的参与，公众可以更直接地体验到体育活动所带来的健康益处，从而增强对体育运动的理解和兴趣。这种认知的提升不仅有助于改变人们对体育的传统观念，还能激发他们对体育活动的热情，促使更多人将体育锻炼作为日常生活的一部分。这种意识的觉醒，对于推动全民健身和提高国民健康水平至关重要。

群众参与为不同年龄层和社会群体提供了平等的锻炼机会。无论是儿童、青少年，还是中老年人，均能通过参与不同形式的体育活动，获得身体锻炼和心理满足。这种平等的参与机会，不仅能促进个体的全面发展，还能在一定程度上消除社会不平等现象，推动社会的公平与正义。尤其是在现代社会中，体育活动作为一种普遍的社会文化现象，能够有效地促进社会各阶层的融合与互动。

积极的群众参与还能够激励更多人加入健康生活方式中。通过参与体育活动，人们不仅能改善自身的身体素质，还能在心理上获得愉悦感和成就感。这种积极的体验，往往能够激励参与者持续投入到体育锻炼中，并影响身边的人加入其中。在这个过程中，体育活动成了健康生活方式的重要组成部分，进而推动社会整体健康水平的提升。

(二)组织形式

群众性体育活动的组织形式多样化,旨在最大程度地调动社会各界的积极性并促进全民参与。社区体育俱乐部的建立与管理是实现这一目标的重要途径。通过在社区内设立体育俱乐部,居民可以在家门口参与各种体育活动,俱乐部不仅提供了一个便捷的运动场所,还通过定期举办比赛和活动,促进了居民之间的交流与互动。这种形式的组织能够有效地提升社区凝聚力和居民的健康水平。

政府主导的公共体育活动则通过政策支持和资金资助来吸引群众参与。政府在公共体育活动中的角色至关重要,其政策导向和财政投入可以为活动的顺利开展提供坚实的基础。通过制定相关政策,政府可以引导更多的社会资源投入到公共体育事业中,并通过资金资助降低参与门槛,使更多的市民能够参与其中。同时,政府主导的活动往往具有较强的号召力和影响力,能够吸引更大范围的参与者。

企业赞助的体育活动利用商业资源和市场机制来提升活动的影响力。企业通过赞助体育活动,不仅可以实现企业社会责任的履行,还能够通过活动提升品牌知名度和美誉度。企业的参与为体育活动带来了充足的资金支持和市场化的运作模式,使活动更加专业化和多样化,能够吸引更多的参与者和观众。同时,企业的市场推广能力也为体育活动的宣传和推广提供了有力支持。

志愿者组织的参与是推动公共体育活动发展的重要社会力量。通过鼓励志愿者参与体育活动的组织和管理,不仅能够提升活动的服务质量,还能增强社会的公益意识和责任感。志愿者的参与为活动注入了活力和创新,丰富了活动的内容和形式。此外,志愿者的广泛参与也为活动的宣传和推广提供了重要渠道,能够吸引更多的市民关注和参与公共体育活动。

学校与社区合作的体育项目则通过整合教育资源促进青少年参与和家庭互动。学校作为教育资源的集中地,通过与社区合作开展体育项目,可以为学生提供丰富的课外活动选择,促进其身心健康发展。同时,学校与社区的合作也为家庭提供了参与体育活动的机会,增强了家庭成员之间的互动和沟通。这种合作模式不仅丰富了公共体育活动的内容,还为青少年和家庭的全面发展提供了有力支持。

(三)活动内容

公共体育活动在内容设计上需要注重多样性,以满足不同参与者的兴趣和能力需求。体育项目的设置应包括篮球、足球、羽毛球等广受欢迎的项目，这些项目不仅能够吸引大批爱好者参与，还能通过竞技性和趣味性的结合，激发参与者的积极性和热情。通过多样化的项目设置，公共体育活动能够更好地服务于社区居民的健身需求，促进全民健身的实现。

定期举办社区赛事和比赛是提升参与者竞争意识和团队协作能力的重要途径。通过组织这样的活动，参与者不仅能够在竞技中提升个人技能，还能够在团队协作中增强团队意识和合作能力。这种赛事和比赛的组织，不仅能为社区带来活力和凝聚力，还能为参与者提供一个展示自我、挑战自我的平台，进而激发更多人参与到体育活动中来。

结合健康知识普及的活动，如健康跑和健身讲座，是提升公众对体育锻炼认识的重要手段。这类活动不仅强调身体锻炼的重要性，还通过知识的传递，让参与者了解科学锻炼的方法和健康生活的理念。通过这些活动，公众能够更好地理解体育锻炼对身体健康的益处，进而在日常生活中自觉地参与到体育锻炼中，形成良好的健康生活习惯。

亲子活动和家庭运动会的开展，旨在通过体育活动促进家庭成员间的互动与沟通。这类活动不仅能够增强家庭的凝聚力，还能在轻松愉快的氛围中提升家庭成员的身体素质。通过参与亲子活动，家长和孩子能够在共同的运动体验中增进感情，增强彼此的理解和信任，从而促进家庭的和谐与幸福。

二、竞技性体育活动

（一）赛事组织

在竞技性体育活动的组织过程中，赛事组织是核心环节，涉及多方面的复杂工作。赛事组织的规划与筹备是确保活动顺利进行的基础。首先，需要进行场地选择，确保场地符合比赛的要求，并能够为参赛者和观众提供良好的体验。时间安排也是关键，合理的时间安排不仅要考虑参赛者的便利性，还要与其他重要赛事错开，以吸引更多的关注。资源配置则包括人力、物力和财力的合理分配，确保比赛期间各项工作有序进行。

参赛人员的注册与管理是赛事组织中不可或缺的一部分。通过完善的注册系统，确保参赛者的信息准确无误，减少因信息错误导致的比赛混乱。同时，合理的管理流程能够提高赛事组织的效率，方便后续的赛事安排和统计工作。参赛人员的管理不仅要关注比赛期间的表现，还要考虑其在比赛前后的需求，为他们提供全面的支持。

赛事规则的制定与宣传是保证比赛公平性和透明性的关键。规则的清晰和公正能够增强参与者的信任感，使他们更愿意参与其中。通过多种渠道的宣传，使参赛者充分了解比赛规则，避免因误解而引发的争议。同时，规则的宣传也有助于观众更好地理解比赛，提高观赛体验。

赛事的宣传与推广策略在吸引观众和参与者方面起着至关重要的作用。通过多渠道的宣传，如社交媒体、传统媒体和线下活动，扩大赛事的影响力，提高活动的知名度。有效的推广策略不仅能吸引更多观众，还能吸引潜在的赞助商，为赛事提供更多的资源支持。

（二）竞技规则

在公共体育活动的组织与推广中，竞技性体育活动扮演着重要角色，而竞技规则则是其核心要素之一。竞技规则的制定应遵循公平、公正、公开的原则，这是确保所有参赛者在同等条件下竞争的基础。公平性要求规则的制定不能偏袒任何一方，公正性则意味着在执行过程中不因身份、背景等因素而有所偏倚，而公开性则确保所有参与者都能充分了解和理解规则。这些原则的贯彻，不仅是对参赛者权益的保障，也为赛事的顺利进行奠定了基础。

竞技规则必须明确各项比赛的评分标准和判罚依据。这种明确性有助于提高赛事的透明度，增强参与者和观众的信任感。评分标准的设定应尽可能量化和具体，以减少主观判断的影响，而判罚依据则需涵盖各种可能出现的情况，以便裁判在比赛中能快速、准确地做出决策。只有在清晰的规则指引下，赛事才能在公正的氛围中展开，参赛者也能全心投入到比赛中，而不必担心因规则不明而蒙受不必要的损失。

为了保持竞技性体育活动的现代性和吸引力，规则需定期更新与调整。这是适应运动发展的新趋势和技术进步的必然要求。随着科技的进步，许多新技术被引入到体育领域，如视频回放技术、数据分析技术等，这些技术的应用需要规则的相应调整。此外，运动本身也在不断演变，新的战术、技术和装备的出现，都可能对现有规则提出挑战。因此，规则的更新不仅是对运动发展的回应，也是保持赛事活力和吸引力的重要手段。

规则的宣传与培训同样是竞技性体育活动中不可或缺的一环。通过多种渠道向参赛者和观众普及规则，有助于提高大家对规则的理解和遵守。这种普及可以通过赛前的培训、赛事手册的发放、媒体的宣传等多种形式实现。只有当所有参与者都对规则有清晰的理解，赛事才能在和谐的氛围中进行，减少因规则误解而产生的纠纷和矛盾。

(三)参与者要求

竞技性体育活动对参与者提出了多方面的要求，以确保活动的顺利进行和参与者的安全。参与者需具备一定的身体素质和健康状况，这是参与竞技活动的基础条件。良好的身体素质不仅能够提高参与者在比赛中的表现，还能有效降低受伤风险。因此，参与者在报名参与竞技活动前，应进行必要的健康检查，以确认自身是否适合参与该项活动。与此同时，参与者应根据自身的身体状况选择合适的竞技项目，以确保在比赛中能够充分发挥自身的潜力。

在竞技性体育活动中，了解并遵守相关的竞技规则是每位参与者的基本要求。规则的制定旨在维护比赛的公平性和秩序，确保每位参与者在同等条件下进行竞技。因此，参与者在参赛前应认真学习和熟悉比赛规则，避免因规则不熟悉而导致的违规行为。同时，遵守规则也是对其他参赛者的尊重，体现了体育精神的核心价值。在比赛中，裁判的判罚应得到尊重，参与者应以积极的态度接受裁判的决定，并在比赛中展现良好的风度。

团队协作能力在许多竞技性体育活动中也是不可或缺的一部分。团队项目要求参与者与队友之间进行有效的沟通与配合，以提高整体的竞技水平。参与者需具备良好的沟通技巧，能够在比赛中迅速传达信息，并根据队友的反馈调整策略。团队协作不仅考验参与者的个人能力，也考验团队的整体默契程度。因此，参与者应在赛前积极参加团队训练，与队友建立默契和信任，以在比赛中形成强大的合力。

良好的心理素质是竞技性体育活动中另一个重要的对参与者的要求。比赛中常常伴随着巨大的压力与挑战，参与者需具备应对这些压力的能力，以保持积极的竞技态度。心理素质的强弱不仅影响到比赛中的临场发挥，也对比赛结果有着直接的影响。参与者可以通过心理训练来提高自身的抗压能力，例如通过冥想、正念训练等方法来增强心理韧性。此外，赛前的心理准备也是比赛成功的重要因素，参与者应学会在比赛前调整心态，以最佳状态迎接挑战。

三、健身性体育活动

(一)健身项目分类

健身项目的分类是公共体育活动中的重要组成部分,它涵盖了多种形式的锻炼方式,以满足不同人群的健身需求。健身项目的多样性不仅体现在运动形式上,还反映出其在提高身体素质和心理健康方面的综合作用。通过科学合理的分类,健身项目能够更好地服务于不同体能水平和健康目标的参与者,促进全民健身运动的普及与发展。在国内外的公共体育服务体系中,健身项目的分类和组织形式存在一定的差异,这种差异不仅源于文化背景和社会经济条件的不同,也与各国对健康生活方式的理解和倡导有关。

健身操作为一种结合音乐和舞蹈元素的健身项目,旨在通过富有节奏感的运动中提高参与者的心肺功能和全身肌肉力量。它适合各个年龄段的人参与,尤其受到中青年群体的欢迎。健身操的魅力不仅在于其运动效果,还在于它能够在轻松愉快的氛围中进行,使参与者在健身的同时获得心理上的愉悦和放松。随着健身操的不断发展,许多创新形式的健身操不断涌现,如水中健身操、高强度间歇健身操等,这些形式的出现进一步丰富了健身操的内涵和外延。

瑜伽作为一种古老的健身项目,通过体位法、呼吸法和冥想等方式,帮助参与者增强身体的柔韧性、平衡性及心理放松。瑜伽的独特之处在于它不仅关注身体的锻炼,还强调心灵的净化和精神的提升。不同身体条件的人群都可以通过选择适合自己的瑜伽形式来达到健身效果。

力量训练是利用器械或自重进行肌肉锻炼的一种健身项目,旨在提高参与者的肌肉力量和耐力。力量训练不仅适合追求健美的群体,也适合希望增强体能的普通参与者。通过科学的训练计划和合理的负重安排,力量训练能够显著改善身体的肌肉含量和代谢水平。近年来,力量训练在公共体育活动中的地位逐渐提升,成为许多健身中心和体育俱乐部的核心项目。其广泛的适用性和显著的效果使力量训练在健身爱好者中备受推崇。

有氧运动包括跑步、游泳、骑行等项目,主要目标是提高参与者的心肺健康和整体耐力。作为一类传统且有效的健身项目,有氧运动因其简单易行、效果显著而广受欢迎。对于需要消耗卡路里和增强心血管功能的人群而言,有氧运动是理想的选择。随着科技的发展,许多现代化的有氧运动设备不断涌现,如智能跑步机、室内自行车等，这些设备的出现不仅提高了运动的便利性，也增强了运动的趣味性。

团体健身课程通过集体参与的方式，不仅增加了锻炼的乐趣和动力，还促进了参与者之间的社交互动。这类课程适合喜欢团队氛围的人士，通常包括舞蹈课、动感单车课、搏击操课等。团体健身课程的优势在于其能够通过集体的力量激励个人，使参与者在愉悦的氛围中完成锻炼目标。近年来，团体健身课程在公共体育活动中的普及程度不断提高，成为众多健身房和社区体育中心的重要组成部分。

(二)健身设施配置

健身设施的配置在公共体育服务体系中扮演着至关重要的角色。合理配置健身设施不仅可以提高居民的参与度，还能促进全民健身运动的深入推进。首先，健身设施的多样化配置是满足不同人群健身需求和偏好的关键。现代城市中的健身房、游泳池、篮球场等设施的设置，应当考虑到各个年龄段和不同健康水平的居民需求，以便更好地服务于社区。通过多样化的设施配置，能够有效地吸引更多人参与到健身活动中来，进而提升整体社会的健康水平。

健身设施的可达性也是影响居民参与健身活动的重要因素。设施应当位于交通便利的地点，确保居民能够轻松到达并参与锻炼。对于一些偏远地区或交通不便的社区，政府和相关部门可以考虑通过公共交通的改善或移动健身设施的引入，来提高设施的可达性。通过这样的措施，不仅可以增加居民的锻炼机会，还能促进社区之间的交流与合作，形成良好的社会氛围。

在健身设施的设计中，安全性是一个不可忽视的方面。设施的安全性设计需要配备必要的安全设备和标识，以确保使用者在锻炼过程中的安全与健康。无论是健身器材的选择，还是场地的设计，都需要经过严格的安全评估和测试，以防止意外事故的发生。此外，定期的安全检查和维护也是保障设施安全的重要措施，能够有效地降低使用风险。

健身设施的维护与管理机制是确保其良好运行状态和用户体验的基础。定期检查和维护设备，不仅能延长设施的使用寿命，还能提高居民的满意度。建立完善的管理机制，包括设备的定期维护、使用规范的制定以及用户反馈的收集，都是提升公共体育服务质量的有效途径。通过这些措施，可以确保健身设施始终处于最佳状态，满足居民的锻炼需求。

(三)健身指导原则

健身指导原则在公共体育活动中占据重要地位,其核心在于根据个人的身体状况和目标,量身定制健身计划。这种个性化的计划设计不仅能够确保锻炼的安全性,还能够提升锻炼的有效性。每个人的身体状况不同,目标也各异,因此,制订适合个人的计划是实现健身目标的关键。通过科学的评估和分析,能够为参与者提供个性化的建议和指导,从而更好地促进其健康发展。

在健身活动中,定期进行身体评估是了解自身健康状况和体能水平的有效手段。通过评估,个人可以及时发现身体的变化和潜在问题,从而对健身方案进行调整。这种动态调整的过程,不仅有助于提高锻炼的效果,还能有效避免因不适当的训练而导致的健康风险。评估结果可以作为调整计划的依据,确保每一阶段的锻炼都符合个人的实际需求和身体状况。

循序渐进的原则在健身活动中尤为重要。过度训练不仅会增加受伤的风险,还可能导致运动倦怠,使人失去锻炼的兴趣和动力。因此,在设计健身计划时,应强调循序渐进,逐步增加训练的强度和难度。这种渐进式的训练方法,不仅能够有效减少受伤的风险,还能帮助参与者保持锻炼的持续性和乐趣,使其在健身的过程中不断取得进步。

多样化的运动方式是提升身体素质和健康水平的重要策略。通过结合有氧、力量和柔韧性训练,能够全面提升身体的各项素质。不同类型的运动对身体的刺激和锻炼效果各不相同,合理的组合可以使身体得到全面的发展和提高。多样化的运动方式不仅能增强身体的适应能力,还能提高运动的趣味性,使参与者在健身过程中保持积极性和动力。

建立健康的生活方式是支持健身活动效果和身体恢复的基础。在健身的同时,合理的饮食和充足的休息同样重要。饮食提供身体所需的能量和营养,而休息则是身体恢复和适应训练负荷的关键。通过倡导健康的生活方式,能够帮助参与者更好地进行健身活动,提升整体的健康水平和生活质量。

四、社区体育活动

(一)社区资源整合

在现代社会中,社区资源整合是提升公共体育服务效率和效果的重要策略。

通过合理配置和利用资源，社区能够更好地满足居民的体育需求。社区资源整合的目标在于提高公共体育服务的效率和效果，确保资源的合理配置和利用。这一过程不仅涉及资源的物理整合，还包括组织和个人之间的合作与交流。通过建立社区体育资源共享平台，不同组织和个人可以在这一平台上共享资源和信息，从而形成合力，推动体育活动的开展。这样的整合不仅能提升活动的组织效率，还能使社区体育活动更加丰富多样，满足不同群体的需求。

整合社区内外部资源是实现社区体育活动多元化支持体系的关键。学校、企业、社团等不同组织可以为社区体育活动提供多方面的支持，丰富活动的内容和形式。通过整合这些资源，社区可以在活动策划、场地提供、资金赞助等方面获得更大的支持，进而提升活动的质量和吸引力。此外，社区还可以通过与外部资源的合作，引入更多专业的体育指导和培训，从而提高居民的参与水平和体育技能。这种多元化的支持体系不仅提升了活动的丰富性，也增强了社区的凝聚力和居民的归属感。

社区资源整合还包括对现有场地和设施的优化配置。通过合理利用社区现有的体育场地和设施，可以减少资源浪费，提升体育活动的可及性和便利性。社区可以通过对场地的合理规划和安排，使更多居民能够方便地参与到体育活动中。此外，通过对设施的定期维护和升级，可以提高设备的使用效率和安全性，保障居民的运动体验。同时，社区还可以通过开放公共空间，鼓励居民自发组织体育活动，进一步提升体育活动的多样性和参与度。

（二）活动策划与实施

在公共体育服务体系的构建与发展中，社区体育活动的策划与实施是一个至关重要的环节。活动策划不仅仅是为了一次成功的活动，更是提升社区体育活动质量和影响力的关键。活动策划需明确目标受众，这意味着策划者要深入了解社区成员的需求和兴趣，以便设计出符合他们期望的活动内容和形式。通过对目标受众的准确定位，活动策划者能够更有效地吸引参与者，提高活动的参与度和满意度，从而实现活动的预期目标。

为确保活动的顺利进行，制订详细的活动时间表和流程是不可或缺的一步。这一过程需要考虑到活动的各个环节，从前期准备到后期收尾，都需安排得井井有条，以避免时间冲突和资源浪费。详细的时间表不仅有助于各方协调，也为参与者提供了清晰的活动蓝图，让他们能够更好地安排自己的时间，从而提高活动的参与率和整体体验。

在活动推广方面，建立有效的宣传渠道至关重要。通过线上线下多种方式的结合，可以大幅提高活动的知晓率和参与意愿。线上渠道如社交媒体、电子邮件等，能够快速覆盖大范围的潜在参与者，而线下渠道如海报、社区公告板等，则可以加强本地社区的参与感。多样化的宣传策略不仅能够吸引更多的参与者，还能为活动的成功举办奠定坚实的基础。

（三）社区参与度提升

社区参与度的提升在公共体育活动的组织与推广中起着至关重要的作用。通过开展社区体育活动的宣传和推广，可以有效提升居民对公共体育活动的认知和参与意愿。社区体育活动不仅是居民健身的途径，更是促进邻里关系和谐、增强社区凝聚力的重要手段。通过多渠道、多形式的宣传，居民对社区体育活动的了解和兴趣将大大增加，从而提高参与度。宣传的方式可以包括传统的海报、传单以及现代的数字化手段，如社交媒体和社区平台等，这些方式能够广泛覆盖到不同年龄段的居民，增强他们对活动的认同感和参与意愿。

建立社区体育志愿者团队是提升社区参与度的另一有效途径。通过鼓励居民主动参与活动的组织与服务，不仅能增强他们的社区归属感，还能培养居民的责任感和集体意识。志愿者团队可以在活动策划、组织实施、后勤保障等方面发挥重要作用，居民在参与过程中不仅能锻炼自身的组织能力，还能通过服务他人获得成就感和满足感。社区体育志愿者的积极参与和热情服务，能够为活动的顺利开展提供有力支持，同时也能吸引更多居民加入志愿者行列中，形成良性循环。

定期举办社区体育交流会是分享参与经验和活动成果的有效方式，这样的交流会不仅能展示社区体育活动的成果，还能激励更多居民参与其中。通过交流会，居民可以分享自己在参与活动中的心得体会，学习他人的经验，互相激励。这样的活动能够增强居民对社区体育活动的兴趣和信心，激发他们的参与热情。交流会还可以为居民提供一个互动的平台，促进邻里之间的沟通和交流，增强社区的凝聚力和向心力。

利用社交媒体和社区平台发布活动信息和参与者故事，是吸引更多居民关注和参与的重要手段。现代社会中，社交媒体已经成为人们获取信息的重要渠道，通过这些平台发布活动信息，可以快速传递给社区居民，扩大活动的影响力。同时，分享参与者的故事和感受，可以激发其他居民的兴趣和参与欲望。这种方式不仅能提高活动的曝光率，还能通过真实的参与者体验增强活动的吸引力和可信度。

第二节　公共体育活动的组织原则与流程

一、公共体育活动的组织原则

(一)参与性原则

公共体育活动的组织中,参与性原则是核心所在。它不仅强调活动应具有广泛的吸引力,还要求活动能够适应不同年龄、性别和身体条件的个体需求。通过鼓励各类人群的广泛参与,公共体育活动能够真正实现其促进全民健身和健康生活方式的目标。活动设计过程中,组织者需深入了解参与者的多样化需求,确保每个人都能找到适合自己的活动形式。无论是年轻人还是老年人,男性或女性,健康人群或身体有特殊需求者,都应在活动中找到自己的位置和乐趣。

为了确保活动的吸引力和有效性,参与者的意见和需求应成为活动设计的重要依据。在活动策划阶段,组织者应通过调查、访谈等方式,充分听取潜在参与者的声音。活动内容和形式的设计应能够满足参与者的期望和兴趣,增强他们的参与意愿和积极性。这样,活动不仅能吸引更多人参与,还能提升参与者的满意度和忠诚度,形成良好的口碑和长久的影响力。

多样化的参与方式是实现广泛参与的重要手段。现代科技的发展为公共体育活动的组织提供了更多可能性,线上与线下相结合的方式为不同群体提供了更多选择。无论是通过网络直播参与活动,还是亲临现场感受氛围,参与者都能根据自己的情况选择最适合的方式。这不仅提高了活动的灵活性和适应性,也使更多人能够克服时间、空间的限制,参与到公共体育活动中来。

有效的反馈机制是公共体育活动持续改进的重要保障。活动结束后,组织者应积极收集参与者的意见和建议,通过问卷调查、座谈会等形式了解他们的真实感受和需求。对反馈信息的分析和应用,能够帮助组织者发现活动中的不足之处,并在后续活动中进行有针对性的改进。这种持续的优化过程,不仅提升了活动的质量和参与者的满意度,也增强了活动的吸引力和生命力。

(二)公平性原则

在公共体育活动的组织过程中,公平性原则是确保活动成功与可持续发展的关键。公共体育活动的组织应确保所有参与者在资源和机会上的平等，避免因经济、性别或地域差异造成的参与障碍。这不仅是为了体现社会的公平正义，也是为了激发更广泛的参与热情。通过合理配置资源，确保不同背景的参与者都能平等地享受到体育活动带来的乐趣和益处，组织者需要在活动的设计阶段就充分考虑这些因素，以实现真正的公平。

在活动规则和评分标准的制定中，透明和公正是不可或缺的要素。活动的规则和评分标准应明确公示，避免任何形式的偏见或歧视，以维护活动的公平性。通过建立公开透明的规则体系，参与者可以对活动的各个环节有清晰的认识，从而减少因信息不对称而引发的误解和不满。同时，公正的评分机制也有助于增强活动的公信力，使参与者能够心悦诚服地接受结果。

多样化的活动选择是满足不同能力和兴趣的参与者需求的有效途径。公共体育活动应提供丰富多样的项目，以确保每个人都能找到适合自己的活动形式。这不仅有助于提高参与率，也能促进不同群体之间的交流与合作。通过多样化的活动设置，组织者可以更好地激发参与者的潜力，使其在运动中获得成就感和满足感，从而增强对体育活动的热爱和投入。

在活动宣传和推广过程中，信息的普及性和可及性是关键。为了确保所有社区成员都能获得参与的机会和相关信息，组织者需要利用多种渠道进行宣传，确保信息能够覆盖到每一个角落。这包括利用社交媒体、社区公告栏、学校通知等多种方式，使不同年龄、不同背景的人群都能及时了解活动信息，从而激发他们的参与兴趣。

（三）可持续性原则

公共体育活动不仅是提高全民健康水平的重要途径，也是推动社会和谐发展的关键手段。因此，在组织这些活动时，必须注重环境保护，实施绿色活动理念。通过减少对自然资源的消耗，我们不仅能够降低活动对环境的负面影响，还能为后续活动的开展奠定良好的基础。推动可持续发展需要在活动的各个环节中融入环保意识，使之成为活动参与者的共同责任。

在活动设计阶段，需要充分考虑长期的参与效果。通过持续的宣传和教育，提升公众的体育意识和参与热情，才能确保活动的长久生命力。宣传和教育不仅仅是活动开始前的动员手段，更应贯穿于活动的全过程。通过多样化的宣传渠道和形式，吸引不同年龄层次和兴趣爱好的公众参与，使他们认识到体育活动对身体健康和生活质量的积极影响，从而激发持续参与的动力。

建立与社区、学校和企业的合作关系，是确保公共体育活动可持续性的有效策略。通过形成资源共享机制，不仅可以解决活动资金和人力支持的短缺问题，还能增强各方的参与感和责任感。社区、学校和企业各自拥有不同的资源和影响力，彼此间的合作能够实现优势互补，形成合力，推动活动的顺利开展。同时，合作关系的建立也为活动的长期发展提供了稳定的支持。

制定科学合理的活动评估体系是确保公共体育活动可持续发展的重要措施。通过定期对活动效果进行分析和反馈，可以及时发现活动中存在的问题，并进行相应的调整和优化。评估体系不仅要关注参与人数和活动规模等量化指标，还要重视参与者的满意度和活动的社会影响等质化指标。通过全面的评估，能够更好地指导活动的改进方向，提高活动的质量和效果。

二、公共体育活动的策划与准备

（一）目标设定

公共体育活动的策划与准备是确保活动成功的关键步骤。在这一过程中，目标设定起到指导和规范的作用。明确公共体育活动的目标受众是首要任务，只有了解不同群体的需求与兴趣，才能设计出吸引人的活动内容与形式。通过对目标受众的分析，可以确保活动不仅仅是简单的体育锻炼，而是能够真正吸引参与者的活动，进而达到促进健康和提高生活质量的目的。为了实现这一目标，活动策划者需要充分考虑不同年龄、性别、职业等群体的特点，以便制订出符合他们兴趣的活动方案。

设定活动的具体效果指标是目标设定的另一个重要方面。参与人数、满意度和健康改善程度等指标可以为活动的成功与否提供量化的评估标准。这些指标不仅帮助活动策划者在活动前明确努力的方向，也为活动结束后的效果评估提供了依据。通过对这些指标的分析，策划者可以了解活动的受欢迎程度和实际效果，并据此进行必要的调整和改进，以提高未来活动的质量和影响力。

在目标设定中，还需制订详细的时间框架与资源配置计划。这不仅有助于确保各项准备工作的有序进行，还能有效地利用时间与资源，避免浪费。活动的时间安排应考虑到目标受众的作息规律和参与习惯，以便最大限度地提高参与率。同时，合理的资源配置计划能够确保活动的顺利进行，包括场地、器材、人员等各方面的准备。

宣传策略的考虑是目标设定中不可或缺的一部分。有效的信息传达可以提高活动的知晓率和吸引力，从而增加参与人数。策划者需选择合适的宣传渠道，如社交媒体、社区公告等，以确保信息能够覆盖到目标参与者。宣传内容应简明扼要，突出活动的亮点和参与的好处，以激发潜在参与者的兴趣。

（二）资源配置

公共体育活动的资源配置是确保活动顺利进行的关键环节。合理的资源配置不仅涉及资金的有效使用，还包括人力和物力资源的优化调度。在资源配置过程中，首先需要明确资源配置的优先级，以保证重要活动和项目能够获得必要的资金和人力支持。这一过程要求对活动的重要性进行评估，确保资源的投入能够产生最大的社会效益。优先级的明确不仅有助于资源的合理分配，还能提高活动的整体效率和效果。

在资源配置中，建立资源共享机制是提高资源利用效率的重要策略。通过鼓励社区、学校和企业之间的合作，可以实现资源的最大化利用。资源共享不仅可以减少重复投资，还能促进各方的协同发展。在这一过程中，建立透明和高效的沟通渠道是关键，确保各方能够在资源配置上达成一致。同时，资源共享机制的建立有助于形成良好的社会氛围，增强各方的参与感和责任感，为公共体育活动的可持续发展奠定基础。

制订详细的预算计划是资源配置中的重要步骤。合理分配各项活动的经费，确保资金使用的透明与合规，是活动组织者的基本职责。预算计划不仅需要考虑活动的直接成本，还要预留一定的应急资金，以应对突发情况。此外，预算的制订应遵循节约原则，避免不必要的开支。在预算执行过程中，定期审核和调整是保证资金使用效率的重要手段，确保每一笔资金都用在刀刃上。

评估和选择合适的场地和设施是资源配置中的另一重要环节。场地和设施的选择不仅要满足活动的需求，还必须具备安全性和便利性。活动组织者需要对场地进行详细的考察和评估，确保其符合相关的安全标准。此外，设施的便利性也直接影响参与者的体验，因此在选择时需综合考虑交通、环境、设备等多方面因素。通过科学合理的评估和选择，能够为活动的顺利开展提供坚实的基础。

（三）时间安排

时间安排在公共体育活动的策划与准备中起到至关重要的作用。制订详细的活动时间表是确保活动顺利进行的基础。通过明确各个环节的起止时间，可以有效地协调各项准备工作的有序衔接，避免因时间安排不当而导致的混乱和延误。详细的时间表不仅有助于活动组织者掌控全局，还能使参与者对活动流程有清晰的了解，从而提高参与的积极性和体验。

在选择活动时间段时，需要充分考虑不同群体的时间安排。合理的时间选择可以显著提高参与者的参与意愿，进而提升活动的整体效果。例如，工作日的晚间或周末可能是成年人参与活动的最佳时段，而学生群体则可能更倾向于在课余时间参与。通过对目标群体的生活节奏和时间偏好的深入了解，可以选择最合适的活动时间段，最大化参与者的数量和活动的影响力。

活动前的准备时间也是时间安排中不可忽视的一环。充足的准备时间能够确保场地布置、设备调试和人员培训等工作顺利完成。这不仅提升了活动的专业性，也大大增强了活动的安全性。特别是在大型公共体育活动中，准备工作的细致与否直接关系到活动能否顺利开展。因此，预留充足的准备时间是活动成功的前提条件。

在活动结束后，安排总结时间同样重要。通过及时收集参与者的反馈和建议，活动组织者可以获得宝贵的信息，为未来活动的改进提供依据。总结时间不仅是对活动成果的梳理，也是对活动过程的反思。通过总结，可以识别活动中存在的不足之处，并在后续活动中加以改进，确保活动的持续优化和良性循环。

三、公共体育活动的实施与协调

(一)任务分配

在公共体育活动的组织过程中，任务分配是确保活动顺利进行的关键步骤。明确每个团队成员的角色与职责是首要任务。通过清晰的角色划分，能够有效避免任务重叠与遗漏的问题，确保每个成员都能在其职责范围内高效工作。此外，设定各项任务的完成时间节点也是至关重要的。通过合理的时间规划，活动的各个环节能够按时推进，从而避免因为时间管理不当而导致的延误。

为了保证团队成员之间的信息畅通，必须建立有效的沟通机制。良好的沟通不仅能够及时解决可能出现的问题，还能促进团队成员之间的理解与合作。在此基础上，制订任务进度跟踪表是对任务执行情况进行监控的有效工具。通过定期检查各项任务的执行情况，组织者可以及时进行必要的调整与优化，确保活动能够按照预期的计划进行。

团队协作与支持是提升活动组织整体效率的重要因素。通过鼓励团队成员之间的协作与支持,不仅能够增强团队的凝聚力,还能提升每个成员的工作积极性。这种良好的团队氛围有助于提高活动的组织效率,从而确保公共体育活动的成功实施。在实施过程中,团队的每个成员都应积极参与,贡献自己的力量,以实现公共体育活动的目标和愿景。

(二)沟通机制

在公共体育活动的组织与推广中,沟通机制的建立至关重要。沟通机制不仅是信息传递的桥梁,还是活动顺利实施的保障。通过建立定期会议机制,各参与方能够在固定的时间节点上汇聚一堂,分享活动进展,讨论存在的问题。这不仅有助于促进信息的共享,还能增强团队协作的默契度。定期会议为各方提供了一个面对面交流的平台,使信息的传递更加直接和有效。同时,这种机制也为团队成员提供了一个反思和总结的机会,从而不断优化活动的组织与实施。

随着科技的进步,数字化工具和平台在沟通中的应用越来越普遍。利用这些工具,可以创建线上沟通渠道,使团队成员能够随时进行交流和反馈。这种方式打破了时间和空间的限制,提高了沟通的效率。无论是通过即时通信软件、电子邮件,还是专门的项目管理平台,团队成员都可以在第一时间获取最新信息,及时响应和调整工作计划。此外,数字化工具还提供了丰富的功能,如会议记录、任务分配和进度跟踪等,进一步提升了沟通的质量和效果。

为了确保信息传递的清晰和及时,制定明确的沟通规范是必不可少的。这些规范应包括信息传递的格式、频率和响应时间等方面的要求。通过制定统一的标准,可以减少信息传递过程中的误解和遗漏,确保各方在同一节奏上推进工作。明确的沟通规范不仅提高了信息传递的效率,也为团队成员提供了清晰的指引,帮助他们更好地履行各自的职责。这种规范化的沟通方式,有助于形成良好的工作习惯,提升团队的整体运作水平。

在复杂的公共体育活动中,设立专门的联络人或协调员是沟通与协调的重要保障。联络人负责不同参与方之间的信息传递和协调工作,确保信息的准确传达和反馈的及时处理。他们充当着信息枢纽的角色,及时解决沟通过程中出现的问题,避免因信息不对称而导致的误解或延误。通过这种专人负责的方式,各方能够更加专注于各自的工作领域,提升整体的工作效率和活动的执行力。

(三)进度控制

有效的进度控制是确保公共体育活动成功的重要环节。建立实时进度监控系统至关重要,这一系统能够保障活动的各个环节按照既定时间表推进。通过实时监测,管理者可以及时发现潜在问题,并迅速采取措施加以解决。这种动态的监控机制不仅提高了活动的执行效率,还降低了由于时间延误带来的风险。同时,实时监控系统的应用也促进了团队之间的信息共享和协作,确保各部门的协调运作。

制定关键里程碑是进度控制的另一重要策略。通过明确每个阶段的完成标准,管理者能够更好地对整体进度进行评估和调整。这些里程碑不仅为活动的推进提供了明确的方向,还为团队成员设定了清晰的目标,从而提高了他们的工作积极性和责任感。关键里程碑的设定也有助于识别活动过程中可能出现的瓶颈,并采取相应的措施进行解决,确保活动的顺利进行。

定期召开进度评估会议是确保活动顺利进行的有效手段。这些会议为各团队提供了一个交流的平台,汇总不同团队的工作进展,确保信息共享和问题及时沟通。在会议中,各团队可以分享成功经验和面临的挑战,从而促进集体智慧的产生。通过这种方式,团队成员能够更好地理解彼此的工作动态,增强合作意识,提升活动的整体效率和效果。

项目管理软件的使用在进度控制中发挥了重要作用。这些软件可以记录和跟踪任务的完成情况,提升团队的透明度和责任感。通过软件的支持,团队成员能够随时了解项目的进展情况,确保对进度的认知一致。这种透明化的管理方式不仅提高了团队的工作效率,还增强了成员之间的信任和协作,确保活动的各个环节都能按计划进行。

四、公共体育活动的安全管理

(一)风险评估

风险评估是公共体育活动安全管理的核心步骤。识别潜在风险源是风险评估的首要任务,包括参与者的身体健康状况、天气变化、设备安全等。这些因素在活动中可能成为安全隐患,因此需要提前制订应对措施。例如,参与者的健康状况需要通过问卷调查或体检进行评估,以确定其是否适合参与特定的体育活动;

天气变化则需通过实时监测和预报来做出相应调整;设备安全则需要通过定期检查和维护来确保其正常使用。

评估活动场地的安全性是风险评估中的另一重要环节。场地的选择必须符合相关安全标准,并具备应急救援设施与人员。活动场地的安全性不仅包括物理环境的安全,还涉及活动区域是否标识清晰、出入口是否畅通无阻等方面。此外,应急救援设施如急救箱、担架等的配备,以及专业救援人员的在场,都是保障活动顺利进行的重要条件。

制订详细的安全预案是确保活动安全的关键。安全预案应涵盖突发事件的处理流程、急救措施和疏散方案等内容。突发事件处理流程需要明确责任人和具体步骤,确保在发生意外时能够迅速反应;急救措施则需包括常见运动伤害的处理方法及紧急联络方式;疏散方案应考虑到活动场地的地形和人流量,确保在紧急情况下参与者能够安全撤离。

培训活动组织者和志愿者是提高安全管理水平的重要手段。通过系统的安全培训,提高他们的安全意识和应急处理能力,确保在发生意外时能够迅速有效应对。培训内容应包括基本急救知识、风险识别与评估方法、应急预案的实施等。组织者和志愿者的安全意识和应急处理能力直接影响到活动的安全保障水平。

(二)应急预案

在公共体育活动中,应急预案的制订是确保活动安全顺利进行的关键一环。应急预案需要制订详细的应急处理流程,明确各类突发事件的应对步骤和责任人,以确保在紧急情况下能够快速反应和有效处置。这不仅是对活动参与者安全的保障,也是对活动组织者专业能力的体现。在制订应急预案时,应充分考虑活动的规模、地点、环境等多种因素,确保预案的科学性和可操作性。通过明确的步骤和分工,可以在突发事件发生时迅速组织人员进行有效应对,减少人员伤亡和财产损失。

建立应急联系网络是应急预案中不可或缺的一部分。这个网络需要确保所有参与者、组织者和相关救援人员能够在紧急情况下迅速沟通和协调。现代通信技术的发展为建立高效的应急联系网络提供了技术支持,通过手机、对讲机、无线电等设备,可以实现信息的快速传递和反馈。应急联系网络的建立不仅限于活动内部,还应包括与当地医疗、消防、公安等部门的联络,以便在需要时能够获得专业的救援支持。这种多层次的联络网络能够有效提升应急反应速度和协调效率。

在活动现场,配备必要的急救设备和物资是应急预案中不可忽视的环节。急救包、担架和防护装备等都是活动现场必备的急救物资，它们的存在可以在意外发生时提供及时的医疗支持，降低事故的严重性。急救设备的配备需要根据活动的性质和规模进行合理配置，并确保所有设备处于良好状态。活动组织者和志愿者应接受基本的急救培训，掌握急救设备的使用方法，以便在紧急情况下能够迅速展开救援行动，为伤者提供初步的医疗处理。

定期组织应急演练是提升组织者和志愿者应急处理能力的重要手段。通过演练，可以检验应急预案的有效性和可操作性，并帮助参与人员熟悉应急流程，提升其在真实突发事件中的应对能力。演练应尽可能模拟真实场景，涵盖可能发生的各类紧急情况，确保参与者能够在演练中积累实战经验。演练结束后，组织者应进行总结和评估，找出不足之处并加以改进，以不断完善应急预案，提高整体安全管理水平。

（三）安全培训

安全培训在公共体育活动中扮演着至关重要的角色，其核心目标是确保所有参与者和组织者在活动过程中能够有效应对各种潜在的安全风险。安全培训不仅仅是对个体技能的提升，更是对整个活动安全保障体系的完善。通过系统的安全培训，参与者和组织者可以掌握必要的急救知识和技能，从而在意外发生时进行基本的急救处理，这对于保障参与者的生命安全具有重要意义。

安全培训的内容应全面覆盖活动场地的安全检查流程。组织者需要掌握如何识别和消除潜在的安全隐患，以确保活动场所的安全性。通过详细的安全检查流程培训，组织者能够系统地排查活动场地的各个角落，及时发现并消除可能存在的安全隐患。这一过程不仅提升了活动的安全系数，也为参与者提供了一个更加安全的活动环境。

定期组织安全演练是安全培训的重要组成部分。通过模拟各种突发事件的处理，团队成员可以在演练中提高应急反应能力和协调配合能力。这种演练不仅帮助团队成员熟悉各种应急预案，还能在实际突发事件中迅速做出反应，减少因慌乱而导致的错误判断和行动。这种演练的实践性和针对性，使团队成员在面对真实突发事件时，能够更加从容应对。

心理应对策略在安全培训中也占据着重要地位。通过培训，参与者能够在紧急情况下保持冷静和理智，从而做出正确的判断。心理应对策略的培训，不仅帮助参与者在突发事件中控制情绪，也能提升他们的心理素质和应对能力。这种心理层面的准备，使参与者在面对危机时，能够理性分析情况，采取最优的应对措施。

第三节　公共体育活动的宣传与推广

一、目标受众分析与定位

(一)受众特征识别

在公共体育活动的宣传与推广中,受众特征的识别是制订有效策略的基础。目标受众的年龄分布是识别的重要方面,不同年龄段的人群在参与体育活动时表现出不同的需求和偏好。儿童通常对游戏化的体育活动更感兴趣,这有助于他们在娱乐中提高身体素质和社交能力。青少年则可能偏好具有挑战性的活动,如竞技类项目,以满足其对成就感的追求。中年人在选择体育活动时更注重健康和压力释放,适合参与一些强度适中的有氧运动。而老年人则需要关注安全性和健康维护,适合选择一些低强度的健身活动,如太极拳或健步走。了解这些年龄段的特征有助于更精准地设计和推广体育活动,以满足不同群体的需求。

在目标受众的性别特征分析中,识别男性和女性在参与体育活动时的兴趣差异和参与方式也是至关重要的。研究表明,男性更倾向于参与竞争性强的体育项目,如足球、篮球等,而女性则可能更喜欢参与健身、瑜伽等注重身体协调性和柔韧性的活动。这种性别差异不仅影响活动的设计,还影响到宣传内容的选择和呈现方式。通过有针对性的分析和定位,可以更有效地吸引不同性别的参与者,提高公共体育活动的覆盖面和参与度。

受众的社会经济背景是影响其参与公共体育活动能力的重要因素。不同经济水平的群体在参与体育活动时表现出不同的资源需求和限制。高收入群体通常拥有更多的时间和金钱用于参与和选择多样化的体育活动,而低收入群体可能面临经济压力,限制了其参与的机会。因此,在推广公共体育活动时,需要考虑提供经济实惠或免费的活动选项,确保所有社会经济背景的群体都能平等地参与。此外,政府和相关组织可以通过政策支持和资源分配,帮助低收入群体克服参与障碍,提升公共体育活动的普及性。

(二)市场细分策略

市场细分策略在公共体育活动的推广中扮演着至关重要的角色。通过细分市场,可以更精准地识别和满足不同群体的需求,从而提高体育活动的参与度和满意度。根据年龄段进行细分,是市场细分策略的基础。不同年龄段的人群在身体机能、兴趣爱好和生活方式上存在显著差异。为此,设计适合儿童、青少年、中年人和老年人的体育活动,不仅能满足各个年龄阶段的身体需求,还能激发他们的参与兴趣。例如,儿童可能更倾向于趣味性和游戏化的体育活动,而青少年则可能更关注竞技性和挑战性。中年人可能更注重健康和社交,而老年人则可能更重视安全性和康复性。因此,针对不同年龄段的活动设计,不仅要考虑身体需求,还要考虑心理和社会需求,以实现全面的参与目标。

针对性别差异的市场细分策略也是公共体育活动推广中不可忽视的一环。男性和女性在生理结构、运动能力以及兴趣偏好上存在一定差异,因此开发符合各自偏好的体育项目和活动形式,能够有效增强活动的吸引力和适宜性。例如,女性可能更倾向于参加瑜伽、普拉提等柔韧性和协调性较强的活动,而男性则可能更喜欢篮球、足球等竞技性和力量型的运动项目。在活动设计过程中,需要充分考虑这些差异,以提供多样化的选择,满足不同性别的参与需求。同时,也要注意在活动中营造性别平等的氛围,鼓励不同性别的参与者相互交流和学习,以提升整体活动的包容性。

依据社会经济背景进行市场细分,是确保公共体育活动可及性和公平性的关键。不同经济水平的群体在可支配收入和消费能力上存在差异,因此在活动推广中,需要制订不同经济水平群体可承受的参与费用和资源配置。对于经济条件较好的群体,可以提供高品质的体育设施和个性化的服务,而对于经济条件较差的群体,则需要通过政府补贴、社区支持等方式,降低参与门槛,确保他们同样能够享受到体育活动带来的健康和快乐。此外,还可以通过公益活动、志愿者服务等形式,增加社会各界对体育活动的支持和参与,以实现资源的合理分配和利用。

二、多渠道宣传策略

(一)传统媒体的运用

传统媒体在公共体育活动的宣传中仍然扮演着重要角色。利用电视广告推广公共体育活动,可以有效展示活动的亮点和参与者的积极体验。这种视觉和听觉的结合能够迅速吸引更广泛的受众关注,特别是那些习惯于从电视获取信息的群体。电视广告不仅能够在短时间内传递丰富的信息,而且其高频次的播放能够在观众心中留下深刻印象，从而提高活动的知名度和参与度。

广播电台作为传统媒体的另一重要组成部分，通过高频次的播报可以有效增强活动的知名度。特别是在社区内，广播电台的宣传能够迅速覆盖到不同年龄段和职业背景的听众。通过简洁明了的播报，活动信息可以在短时间内传递给广大的社区居民，从而提高活动的曝光率和参与率。广播的灵活性和即时性也使其在活动宣传中具有独特的优势。

报纸和杂志的宣传文章是传统媒体中不可或缺的一环。在这些媒介上刊登活动宣传文章，不仅能够详细介绍活动的目的、意义和参与方式，还能通过深度报道提升公众的认知度和参与意愿。文字的力量在于能够提供更为详尽的信息，使读者能够更加全面地了解活动的各个方面。同时，报纸和杂志的广泛发行也有助于活动信息的传播。

与地方电视台合作制作专题节目，是运用传统媒体的一种创新形式。这种合作能够深入报道公共体育活动的组织和参与情况，通过生动的画面和真实的故事激发社区的参与热情。专题节目的制作不仅能够展示活动的多样性和丰富性，还能通过参与者的亲身讲述增强活动的感染力和号召力。这种形式的宣传能够有效推动社区居民的参与积极性。

（二）数字媒体的整合

数字媒体的整合在现代公共体育活动的宣传中扮演着关键角色。借助数字媒体的广泛传播能力，组织者可以有效地扩大活动的影响范围。利用社交媒体平台发布活动信息，不仅能够吸引年轻人和社交网络用户的关注，还能激发他们的参与热情。社交媒体的互动性和即时性使活动信息能够迅速传播，提高活动的知名度和参与度。通过创意内容和互动话题，活动组织者可以与目标受众建立更紧密的联系，形成良好的口碑效应。

创建官方网站或活动专属页面是提升活动专业性的重要手段。官方网站可以提供全面的活动信息，包括时间、地点、活动内容及报名链接等。此外，通过详细的参与指南，潜在参与者能够更清晰地了解活动流程和要求，从而提高报名率。活动专属页面的设计应注重用户体验，确保信息的可访问性和易读性，以便于受众快速获取所需信息。这样的专业化展示不仅能吸引更多参与者，还能提升活动的整体形象。

电子邮件营销作为传统渠道与数字媒体的结合，依然在活动推广中发挥着重要作用。通过定期向潜在参与者发送活动通知和更新信息，活动组织者可以保持与受众的持续沟通。邮件内容的个性化和针对性能够有效提高邮件的打开率和点击率,增强受众的参与意愿。此外,活动组织者还可以通过邮件反馈机制收集参与者的意见和建议,为活动的优化提供参考。

视频直播技术的应用为活动宣传增添了新的活力。通过实时展示活动的进展,观众能够身临其境地感受到活动的氛围和精彩瞬间。视频直播不仅能够吸引无法亲临现场的观众,还能通过互动功能增强参与者的现场感和互动性。观众可以通过评论、点赞等方式与活动进行实时互动,增加活动的趣味性和参与感。这种即时的互动体验有助于提升活动的吸引力和影响力。

(三)线下活动的结合

线下活动的结合在公共体育活动的推广中具有重要的意义。这种策略不仅能够提升居民的参与度,还能增强社区的凝聚力和互动性。通过组织社区运动会,居民们被鼓励积极参与到各类体育活动中。这不仅是身体上的锻炼,更是情感上的交流。社区运动会以其丰富多样的项目和形式,为居民提供了一个展示自我和相互交流的平台。通过这种方式,不仅能增强居民的体育兴趣,也能促进邻里之间的互动和联系,提升社区的整体氛围和凝聚力。

开展亲子运动日活动是另一个有效的线下活动结合策略。此类活动旨在促进家庭成员之间的沟通与合作,提升家庭参与体育的兴趣。通过设计适合不同年龄段的趣味运动项目,家长和孩子可以在轻松愉快的氛围中共同完成任务,增进彼此的了解和信任。亲子运动日不仅可以激发孩子们的运动兴趣,还能让家长认识到体育活动在家庭生活中的重要性,从而在日常生活中更加重视体育锻炼的安排。

举办户外健身活动,如徒步、骑行等,是鼓励居民走出家门,享受自然与运动结合的绝佳方式。这类活动不仅能够改善居民的身体健康,还能让他们在大自然中放松身心。通过精心设计的路线和专业的指导,户外健身活动能够吸引不同年龄段和身体素质的参与者。参与者在享受运动乐趣的同时,也能感受到自然的美好,这种体验有助于提升他们对体育活动的兴趣和参与度。

开展体育知识普及活动,通过讲座和互动游戏提高公众对体育活动的认知和重视,是线下活动结合策略的重要组成部分。这些活动可以邀请体育专家和教练进行专题讲座,普及科学健身知识和正确的运动方法。通过互动游戏,参与者能够在轻松愉快的氛围中加深对体育知识的理解。这种方式不仅能增强公众对体育活动的重视,还能帮助他们在日常生活中更科学地进行体育锻炼,提高整体健康水平。

三、社交媒体的应用与管理

(一)平台选择与优化

在当今数字化时代,社交媒体已成为公共体育活动宣传与推广的关键工具。平台的选择与优化是提升活动曝光率和参与度的基础。选择适合目标受众的社交媒体平台至关重要,如微信、微博、抖音等,这些平台不仅用户基数庞大,且各具特色,能满足不同受众的需求。微信以其强大的社交属性和广泛的用户群体,适合发布详细的活动信息和与受众进行深度互动;微博则因其开放性和话题传播能力,适合短时间内扩大活动影响力;抖音凭借其短视频形式,能通过生动的视觉内容吸引年轻受众的关注。

优化社交媒体内容的形式是增强信息吸引力和传播效果的关键。结合图文、视频和直播等多种表现手法,可以有效地吸引不同兴趣的受众。图文并茂的内容能够提供详细信息,视频则通过动态画面提升感染力,而直播则为受众提供实时互动的机会,增加参与感。这样的多样化内容不仅能丰富受众的体验,还能在不同平台上形成互补,扩大信息的覆盖面。

制订定期更新的内容计划是确保社交媒体信息持续性和一致性的必要步骤。通过计划的制订,能够系统地安排内容发布的频率和主题,确保信息的连贯性和新鲜感。这样的计划不仅能保持受众的持续关注,还能通过有规律的内容推送,培养受众的期望和参与习惯。定期更新还能及时回应受众的反馈,保持信息的动态调整,增强活动与受众之间的互动。

利用社交媒体的数据分析工具,监测受众的互动情况和反馈,是优化宣传策略的有效手段。通过分析工具,可以获得受众的行为数据,如点赞、分享、评论等,这些数据为调整宣传策略提供了科学依据。根据数据反馈,及时调整内容的形式和发布策略,能够更精准地满足受众需求,提高信息传达的效率和效果。同时,这些数据分析还能帮助识别潜在的受众群体,拓展活动的影响范围。

(二)内容创作与发布

在当今信息化社会中,内容创作与发布已成为公共体育活动宣传与推广的核心环节。制定内容创作的主题和目标是至关重要的,确保每个发布的内容都能与公共体育活动的核心理念相契合,同时满足目标受众的需求。通过精准的主题定位，能够有效地传达活动的价值观和理念，吸引更多的潜在参与者。内容的创作不仅需要关注活动本身，还需融入受众的兴趣和需求，以实现更深层次的互动和共鸣。

采用多样化的内容形式是提升信息吸引力和传播效果的关键策略。图文、视频、直播等多种形式，不仅能够满足不同受众的偏好，还能通过视觉和听觉的综合体验增强信息的感染力。视频和直播尤其在展示活动的动态性和现场感方面具有独特优势，能够吸引更多的关注和参与。通过这些形式的结合，公共体育活动的信息传播不再局限于单一渠道，而是形成了一个多元化、立体化的传播网络。

结合时事热点和社会趋势进行内容创作，是提升公共体育活动关注度和参与意愿的重要手段。通过将活动内容与当前的社会热点相结合，不仅可以提高内容的时效性和相关性，还能激发受众的兴趣和讨论热情。这样的创作策略能够使公共体育活动在信息洪流中脱颖而出，吸引更多的目光。同时，时事热点的结合也为活动赋予了更广泛的社会意义，提升了活动的影响力和号召力。

设立内容发布的时间表是确保信息定期更新和持续性的有效方法。通过科学合理的时间安排，可以保持受众的关注和参与热情。定期的更新不仅能够为受众提供持续的新鲜内容，还能通过不断的互动和反馈，增强受众的参与感和忠诚度。同时，时间表的制订也有助于活动组织者更好地规划和管理宣传工作，提高整体的执行效率和效果。

（三）用户互动与维护

在社交媒体时代，用户互动与维护成为公共体育活动推广的重要环节。通过建立用户反馈机制，组织者可以定期收集参与者对活动的评价和建议。这不仅有助于了解参与者的需求和期望，还能及时优化活动内容和形式，提升活动的吸引力和参与度。反馈机制的有效性依赖于其系统性和透明度，确保每一条反馈都得到重视和回应，从而增强用户对活动的信任感和忠诚度。

开展多样化的用户互动活动是提升参与者参与感和社区归属感的有效策略。线上问答和抽奖活动等互动形式，能够激发参与者的积极性，创造一种轻松愉快的互动氛围。这些活动不是单向的信息传递，而是双向的交流与沟通，参与者在互动中感受到自身的重要性和价值，进而增强对公共体育活动的认同感和支持力度。

社交媒体平台提供了创建用户社群的便利条件，这些社群成为参与者之间交流与互动的重要场所。通过社群，参与者可以分享自己的运动体验和心得，获取他人的支持和鼓励。这种交流不仅提高了活动的趣味性和吸引力，也增强了社区的凝聚力。社群的活跃程度直接影响到参与者的忠诚度，因此，需要精心管理和维护，以确保社群的健康发展。

定期发布用户故事和活动成果是展示参与者积极体验的重要途径。这些故事和成果不仅是对参与者努力的认可和鼓励，也是激励更多人参与公共体育活动的有力手段。通过真实的用户体验，潜在参与者能够更直观地感受到活动的魅力和益处，从而激发他们的参与兴趣和热情。

四、创意活动与品牌推广

（一）活动策划与执行

活动策划与执行在公共体育活动的组织中扮演着至关重要的角色。活动策划应明确活动的主题和目标，确保与公共体育服务体系的整体战略相一致，以提升活动的针对性和有效性。通过明确的主题和目标设定，不仅可以增强活动的方向性，还能有效传递公共体育的核心价值观，使参与者在活动中更好地理解和认同公共体育的意义。同时，主题和目标的明确性也为活动的宣传和推广提供了清晰的基调，促进活动的社会影响力。

在活动策划过程中，制订详细的活动流程和时间表是确保活动顺利进行的关键。包括各项准备工作的起止时间，确保活动的顺利进行和资源的合理配置。详细的流程规划能够有效避免资源浪费和时间冲突，确保各环节的有序衔接。此外，合理的时间安排还能提高活动的执行效率，使参与者在活动中获得更好的体验。通过科学的时间管理，活动组织者能够在有限的时间内实现最佳的活动效果，从而提升整体活动的质量和影响力。

活动执行过程中应建立实时反馈机制，及时收集参与者的意见和建议，以便根据实际情况进行调整和优化。实时反馈机制的建立不仅有助于活动组织者及时了解活动的进展和效果，还能为活动的动态调整提供依据。通过参与者的反馈，活动组织者可以发现活动中的不足之处，及时采取措施进行改进，从而提高活动的质量和参与者的满意度。同时，反馈机制也是一种有效的沟通方式，能够增强活动参与者的积极性和参与感，使他们在活动中感受到被重视和尊重。

在活动策划中应考虑多样化的参与形式，鼓励不同年龄和背景的群体参与，以提高活动的包容性和吸引力。多样化的参与形式不仅能够吸引更多的参与者，还能满足不同群体的需求和兴趣，从而增强活动的吸引力和参与度。通过设计多元化的活动内容和形式，活动组织者可以为参与者提供丰富的选择，激发他们的参与热情。同时，多样化的参与形式也有助于促进不同群体之间的交流和互动，增强社会的和谐与凝聚力。

(二)品牌形象塑造

品牌形象塑造是公共体育活动推广中的关键环节。建立统一的品牌标识是塑造品牌形象的基础，包括设计独特的标志、选择代表性的色彩和字体，这些元素共同构成了品牌的视觉识别系统。通过这种方式，公众能够更容易地识别和记住公共体育活动，进而提高活动的知名度和影响力。在品牌标识的设计过程中，需综合考虑活动的核心价值和目标受众的特点，以确保品牌形象的统一性和吸引力。

制订品牌传播策略是提升公众对公共体育活动认知与关注的有效途径。通过多种渠道传递品牌信息，可以扩大品牌的覆盖范围，增强其影响力。传统媒体和新媒体的结合使用，能够实现广泛的传播效果。例如，在电视、广播等传统媒体上进行广告投放，同时利用社交媒体平台开展互动活动，吸引不同年龄层次和兴趣爱好的受众参与。这种多元化的传播策略，有助于在短时间内迅速提升品牌的知名度。

开展品牌活动是增强品牌参与感和互动性的有效方式。通过组织主题运动会、健身挑战等活动，不仅能够吸引更多人参与，还能通过现场体验加深对品牌的认知和感受。这些活动的成功举办，需要精心策划和组织，以确保活动的趣味性和安全性。同时，活动的主题和形式应与品牌形象相契合，使参与者在娱乐和锻炼中自然而然地接受品牌的理念和价值观。

利用社交媒体和数字平台进行品牌宣传是当今品牌推广的重要手段。通过分享参与者的成功故事和活动亮点，可以提升品牌形象的亲和力和真实感。社交媒体的互动性和广泛性，使品牌信息能够迅速传播并引发讨论，增加品牌的曝光率。此外，数字平台的精准推送功能，能够根据用户的兴趣和行为习惯，定向传播品牌信息，提高宣传的效率和效果。

(三)主题活动创新

在公共体育活动的组织与推广过程中，主题活动创新是提升活动吸引力和参与度的重要手段。设计多元化的主题活动，如社区运动会、亲子运动日、健身挑战赛等，可以有效满足不同人群的参与需求和兴趣。这些活动不仅能够促进居民之间的互动和交流，还能激发他们对体育的兴趣和热情。在设计主题活动时，考虑不同年龄段和兴趣爱好的人群，确保活动的多样性和包容性，从而吸引更多的参与者。

结合地方特色与传统文化，开展具有地域特色的体育活动，可以增强社区的参与感和归属感。通过发掘和利用当地的文化资源，将传统节日和民俗活动与体育活动相结合，不仅可以丰富活动的内容，还能提升活动的文化内涵。例如，在具有传统舞狮文化的地区，可以将舞狮表演与体育活动结合，打造独具特色的体育盛会。这种结合不仅能吸引本地居民的参与，还可以吸引外地游客，提升当地的知名度和影响力。

现代科技手段的运用，如虚拟现实（VR）和增强现实（AR），为体育活动的创新提供了新的可能性。这些技术可以创造出全新的活动体验，特别是对于年轻人而言，科技的参与让体育活动更加具有吸引力。例如，通过 VR 技术模拟滑雪场景，让参与者在城市中也能体验到滑雪的乐趣；利用 AR 技术设计互动游戏，增加活动的趣味性和互动性。这些创新不仅提升了活动的科技含量，还能吸引科技爱好者的参与，扩大活动的受众群体。

创设跨界合作活动，将体育与艺术、音乐等元素结合，是提升活动趣味性和吸引力的有效策略。通过与艺术团体、音乐团体的合作，可以在体育活动中加入表演、展览等环节，丰富活动的形式和内容。例如，在马拉松比赛的终点设置音乐会，或者在篮球比赛的中场休息时进行舞蹈表演，这些跨界合作不仅能提升活动的观赏性，还能吸引更多不同兴趣爱好的人群参与，扩大活动的影响力和覆盖面。

第五章　公共体育服务体系的人才培养

第一节　公共体育服务人才的培养目标

一、公共体育服务人才的核心素质要求

(一)责任感与使命感

公共体育服务人才在现代社会中扮演着重要的角色,其责任感与使命感是不可或缺的核心素质。公共体育服务人才应具备强烈的社会责任感,能够意识到自身工作对社会健康和福祉的重要性。这不仅要求他们在日常工作中关注公众的体育需求,还需在更广泛的社会背景下思考如何通过体育服务促进社会和谐与进步。责任感驱使他们在面对挑战时不退缩,积极寻求解决方案,以更好地服务于社区和社会。

培养公共体育服务人才的使命感同样至关重要。使命感使他们在工作中不仅仅是完成任务,而是主动推动社区体育活动和全民健身理念的传播。这种使命感促使他们不断创新和改进服务方式,以便更有效地激发公众参与体育活动的热情。通过这种方式,公共体育服务人才能够在社会中发挥更大的影响力,推动健康生活方式的普及和发展。

公共体育服务人才需要具备服务意识,能够站在服务对象的角度思考问题,满足公众的体育需求。这种服务意识不仅体现在对体育活动的组织和实施上,还包括对服务对象反馈的重视和回应。通过倾听和理解公众的需求,公共体育服务人才可以更好地调整和优化服务内容,从而提高服务的质量和效果。这种以服务对象为中心的理念,有助于建立更紧密的社区关系和更高的公众满意度。

强化公共体育服务人才的团队合作精神,是实现高效服务的重要途径。在团队中,每个人都能发挥独特作用,共同实现服务目标。团队合作精神不仅提高了工作效率,还促进了知识和经验的共享,使团队成员在合作中不断成长。通过团队合作,公共体育服务人才可以更好地应对复杂的工作环境和多样化的服务需求,确保提供高质量的体育服务。

(二)团队合作能力

公共体育服务人才在现代社会中扮演着重要角色,其核心素质便是团队合作能力。团队合作能力不仅仅是简单的协作,还是一个综合的能力体现,涉及沟通、协调、解决冲突等多方面的技能。有效的团队合作能够显著提高工作效率,推动公共体育服务的高质量发展。在团队合作中,沟通技巧尤为重要。只有确保信息在成员之间的畅通与有效传递,才能避免误解和信息滞后,从而提高团队的整体效率。这不仅需要个人的语言表达能力,还需要倾听与反馈的技巧,以便在信息交流中保持开放和积极的态度。

培养团队合作能力过程中,解决冲突的能力同样不可或缺。团队内部难免会出现意见分歧,如何有效处理这些分歧,维护良好的合作氛围,是对公共体育服务人才的重要考验。解决冲突不仅需要理性的分析和判断,还需要情感的管理和掌握沟通的艺术。通过建设性的对话和妥协,团队成员可以在分歧中找到共识,进而促进团队的凝聚力和协作能力。这样的能力在公共体育服务中尤为重要,因为服务对象的多样性和需求的复杂性常常要求团队能够快速调整和应对。

在团队合作中,角色分配与责任明确是提升团队合作能力的基础。每位成员在团队中应发挥各自的优势,这需要清晰的角色定位和责任划分。明确的分工可以减少重复劳动和资源浪费,确保团队的每一位成员都能在其擅长的领域贡献力量。角色分配不仅仅是任务的分配,更是对成员能力的信任与认可,能够激励成员积极参与和贡献。通过合理的角色分配,团队可以形成合力,完成复杂的公共体育服务项目。

互信建设是培养团队合作能力的另一重要方面。通过团队活动增进成员之间的信任与理解,可以有效地增强团队的凝聚力。信任是团队合作的基石,缺乏信任的团队难以形成有效的合作。通过共同的活动和项目,团队成员可以加深对彼此的了解,建立起相互的信任。这种信任不仅体现在工作中,也体现在对团队目标的共同认同和追求上,从而为公共体育服务的高效开展提供坚实的基础。

(三)沟通与协调能力

沟通与协调能力是公共体育服务人才必备的基本能力。公共体育服务人才需要具备有效的倾听能力,这是理解服务对象需求和反馈的基础。通过倾听,服务人才能够准确把握服务的针对性和有效性,进而提升服务质量。此外,提升沟通能力不仅仅是语言的表达，还包括非语言沟通技巧的掌握。这些技巧帮助公共体育服务人才在不同场合中传达信息与情感，使沟通更加生动和富有感染力。在面对不同的受众时，公共体育服务人才应能够灵活运用多种沟通渠道，如面对面交流、电话沟通以及社交媒体平台等，以适应不同受众的需求和偏好。

在协调能力的培养方面，跨部门沟通是一个关键要素。公共体育服务人才需要在多方利益相关者之间进行有效调解与协作，以确保各方目标的一致性和行动的协调性。这种能力的培养不仅要求对各部门职能的了解，还需要具备策略性思维，以便在复杂的组织环境中推动合作与进步。此外，文化敏感性是公共体育服务人才必须具备的素质之一。在多元文化背景下，能够进行有效沟通不仅仅是语言的转换，更是对不同文化背景的尊重与理解。这需要服务人才在沟通中体现出对服务对象文化背景的敏感性，确保沟通的顺畅和有效。

公共体育服务人才的沟通与协调能力，直接影响到服务体系的运作效率和服务质量。通过系统的训练和实践，培养出具备这些能力的人才，才能够在多变的社会环境中提供高质量的公共体育服务。这不仅有助于提高服务对象的满意度，也为公共体育服务体系的持续发展奠定了坚实的基础。

二、公共体育服务人才的职业道德标准

（一）诚信与公正

公共体育服务人才在履行其职责时，诚信与公正是其职业道德的核心要求。诚信不仅是个人品格的体现，更是建立信任关系的基石。公共体育服务人才应始终保持诚信，确保在与公众和同事的互动中传递真实的信息。这种真实的信息传递不仅有助于个人信誉的建立，也为整个公共体育服务体系的信任度奠定基础。信任关系的建立，反过来也促进了公共体育服务的有效性和可持续性。

在提供服务的过程中，公正原则同样至关重要。公共体育服务人才需确保所有服务对象都能平等享受体育资源和机会。这种平等性不仅体现在资源的分配上，也体现在服务的态度和质量上。公正的服务原则要求公共体育服务人才在面对不同背景、需求的服务对象时，能够一视同仁，避免任何形式的歧视或偏见。通过公正的服务，才能真正实现公共体育服务的社会价值和意义。

透明度是诚信与公正的延伸，公共体育服务人才需公开服务标准和流程，接受公众监督。通过公开透明的方式，服务对象可以清晰了解服务的内容和流程，

增强服务的公信力。同时,接受公众监督也有助于公共体育服务人才不断改进和优化服务方式,提升服务质量。透明度不仅是对服务对象的尊重,也是对自身职业道德的严格要求。

在决策过程中,公共体育服务人才应坚持客观公正,避免个人利益影响服务质量。决策的公正性直接影响到服务的公平性和有效性,公共体育服务人才需以行业的整体利益为重,维护行业的整体形象。通过客观公正的决策,公共体育服务体系才能在社会中树立良好的声誉,吸引更多的公众参与和支持。

(二)服务意识

公共体育服务人才在职业道德标准中,服务意识是其核心要素。服务意识不仅仅是简单的服务行为,而是深刻的职业责任感和使命感。公共体育服务人才应具备以服务对象为中心的意识,主动了解和满足公众的体育需求与期望。这种意识要求他们在工作中始终关注服务对象的需求变化,积极调整服务方式,以便更好地实现服务目标。通过深入了解服务对象的期望,公共体育服务人才能够提供更具针对性和个性化的服务,提升服务的质量和公众的满意度。

积极倾听服务对象的反馈是公共体育服务人才提升服务质量的重要手段。通过反馈机制,服务人才能够及时了解服务过程中存在的问题和不足,进而调整服务内容与方式。这种双向沟通不仅有助于提升服务的有效性,也增强了服务对象的参与感和信任感。服务对象的反馈是改进服务的重要依据,公共体育服务人才应以开放的态度接纳各种反馈,积极进行反思和改进,以确保服务质量的不断提升。

关注弱势群体的服务意识是公共体育服务人才职业道德的重要体现。在公共体育服务中,弱势群体往往面临更多的障碍和挑战。公共体育服务人才需具备这种意识,努力提供公平和可及的体育服务,确保每一个社会成员都能享受到体育带来的健康和快乐。通过制订有针对性的服务策略,公共体育服务人才能够有效减少弱势群体参与体育活动的障碍,促进社会的整体健康和和谐。

倡导积极的体育文化是公共体育服务人才服务意识的外化表现。通过鼓励公众参与体育活动,公共体育服务人才能够提升社区的整体活力与健康水平。体育文化的传播不仅能增强公众的身体素质,还能促进社会的和谐与团结。公共体育服务人才应通过组织各类体育活动和宣传体育精神,激发公众的运动热情,营造积极向上的体育氛围。

(三)专业操守

在公共体育服务领域,专业操守是衡量从业人员职业素养的重要标准。公共体育服务人才应严格遵循专业标准,确保在所有服务中始终保持高水平的专业能力。这不仅是提升服务质量的关键,也是赢得公众信任的基础。专业操守要求从业者在工作中展现出卓越的专业技能和深厚的理论知识,以适应不断变化的公共体育服务需求。通过不断提升自身的专业能力,公共体育服务人才能够更好地服务于社区,推动公共体育事业的健康发展。

在提供公共体育服务的过程中,保持客观中立是专业操守的重要体现。公共体育服务人才需谨慎处理自身的情感和偏见,确保服务过程中公正性与公平性的实现。这种职业操守不仅体现在对待服务对象的态度上,还需贯穿于决策和执行的各个环节。通过坚持客观中立的原则,公共体育服务人才能够更有效地解决服务过程中出现的各种挑战,为公众提供更高质量的服务体验。

为了适应公共体育服务行业的快速发展,公共体育服务人才需定期参加职业培训与继续教育。通过持续的学习和技能更新,从业者能够紧跟行业发展的步伐,掌握最新的专业知识和技术手段。这不仅有助于个人职业发展的提升,还能为行业注入新的活力和创新思维。职业培训和继续教育是公共体育服务人才保持竞争力的重要手段,也是践行专业操守的具体体现。

在处理公众投诉与反馈时,公共体育服务人才需展现出高度的责任感。积极解决问题并提供合理的解释与支持,是专业操守的重要内容。这要求从业者具备良好的沟通能力和解决问题的技巧,以及时有效地回应公众的关切。通过负责任的态度和专业的服务,公共体育服务人才能够在公众中树立良好的职业形象,进一步提升行业的服务水平和社会声誉。

三、公共体育服务人才的知识结构与能力体系

(一)体育理论知识

体育理论知识是公共体育服务人才培养的核心要素。体育的定义、功能与社会角色构成了公共体育服务的基本理论框架。体育不仅仅是一种身体活动形式,更是社会文化的重要组成部分。理解体育在社会中的多重角色,有助于培养人才在公共体育服务中扮演积极的推动者角色。体育不仅促进个体的身体健康,也在

社会交往、文化交流中发挥着重要作用。因此,公共体育服务人才需要具备对体育多元功能的深刻理解,以便在实际工作中更好地设计和实施体育活动。

体育心理学的基本原理是公共体育服务人才必须掌握的另一重要知识领域。了解运动员与参与者的心理需求与动机,是有效促进大众参与和提升服务质量的关键。体育心理学帮助识别不同个体在体育活动中的心理状态,从而制订出适合的激励措施和支持策略。这种理解不仅有助于提高个体的运动表现,还能增强其参与体育活动的积极性和持久性,进而推动公共体育服务的广泛普及。

运动生理学的基础知识对于公共体育服务人才同样至关重要。运动生理学关注身体在运动过程中的生理反应与适应机制,帮助理解运动对人体的影响。掌握这些知识,人才能够更科学地指导参与者进行运动,避免运动损伤,并优化运动效果。通过对人体在不同运动状态下的生理变化的理解,公共体育服务人才可以设计出更为安全和有效的体育活动方案,提升公共体育服务的专业性和科学性。

体育管理与组织理论是公共体育服务人才需要掌握的管理知识。这一领域涉及如何有效管理和运营公共体育服务机构,确保其高效运作。了解体育组织的结构、功能及其管理模式,有助于人才在实际工作中优化资源配置,提高服务质量。通过对管理理论的深入理解,公共体育服务人才能够在复杂的组织环境中做出明智的决策,推动组织目标的实现,并提升公共体育服务的整体水平。

(二)管理与组织能力

管理与组织能力在公共体育服务体系中至关重要。公共体育服务项目的策划与实施能力要求人才能够根据社区的具体需求,设计出适宜的体育活动。这不仅需要对社区人口结构、兴趣偏好以及体育设施条件的深刻理解,还需具备创新思维,以便在有限资源内最大化地满足居民的体育需求。通过科学的策划与实施,公共体育服务项目能够有效促进居民的身体健康和社会互动,提升社区整体生活质量。

资源管理与配置能力是提升服务效率的关键。公共体育服务涉及多种资源的管理,包括人力、物力和财力。人才需要具备系统性的思维方式,能够在资源有限的情况下,进行合理的资源配置和优化,确保每一项体育活动都能顺利进行。此外,资源管理还要求人才具备高效的沟通与协调能力,以便在与政府、社区及其他相关利益方的合作中,争取到更多的资源支持,推动公共体育服务的可持续发展。

活动评估与反馈能力是公共体育服务质量提升的重要环节。通过对体育活动效果的评估与分析，可以识别出活动中存在的问题，并提出改进建议。这一能力不仅需要对数据的敏锐洞察力，还需具备科学的分析方法，以确保评估结果的准确性和客观性。通过不断的反馈与改进，公共体育服务可以在实践中逐步完善，满足公众日益增长的健康需求。

危机管理与应对能力是确保公共体育服务稳定运行的保障。在突发事件中，需要迅速评估情况，制定应急预案，并采取有效措施，保障活动的顺利进行。这一能力不仅需要对危机情况的敏锐判断力，还需具备良好的心理素质和应变能力，以确保在紧急情况下能够冷静应对，减少对参与者和服务体系的负面影响。

(三)技术应用能力

信息技术在公共体育服务中的应用，尤其是数据管理和分析工具的使用，对于提升服务效率和决策能力具有重要意义。通过有效的数据管理，公共体育服务机构可以更好地了解参与者的需求和偏好，从而提供更具针对性的服务。此外，数据分析工具的应用能够帮助管理者在制定政策和规划活动时做出更为科学的决策。这种能力不仅要求从业人员具备基本的技术操作技能，还需具备数据分析和解读的能力，以便在复杂的环境中做出明智的选择。

数字化平台的建设与维护是确保公众能够方便地获取体育服务信息和参与活动的基础。随着互联网技术的普及，数字化平台成为公共体育服务的重要载体。通过这些平台，公众可以便捷地查询体育活动信息、报名参与各类健身活动，甚至能够在线获取专业的健身指导。对于公共体育服务从业人员来说，掌握数字化平台的建设与运营维护技能是必不可少的，这不仅包括技术层面的操作，还涉及用户体验的优化和信息安全的保障，确保平台的稳定性和用户的满意度。

社交媒体在公共体育服务中的作用不可忽视。利用其传播优势，公共体育服务机构可以有效增强公众参与和社区互动。通过社交媒体平台，体育活动的推广和信息的传播变得更加高效和广泛，能够吸引更多的公众参与其中。同时，社交媒体为公众提供了一个分享和交流的平台，促进了社区成员之间的互动和联系。这要求公共体育服务从业人员具备优秀的社交媒体运营能力，能够策划和执行有效的传播策略，提升活动的影响力和参与度。

智能设备与应用程序的开发为公共体育服务提供了新的可能性。通过智能设备，用户可以获得个性化的健身建议和活动跟踪，满足不同人群的需求。这些设备和应用程序能够记录用户的运动数据，分析其健康状况，并提供科学的健身建议。对于公共体育服务从业人员而言，开发和应用这些智能技术不仅需要技术知识，还需具备对用户需求的深刻理解，以便开发出真正符合市场需求的产品和服务。

四、公共体育服务人才的创新与实践能力培养

（一）创新思维训练

创新思维训练是公共体育服务人才培养中不可或缺的一项。创新思维的基本概念强调打破传统思维框架，探索新颖且有效的解决方案。这种思维方式在快速变化的社会环境中显得尤为重要，因为它能够帮助个人和团队应对复杂且多变的挑战。通过培养创新思维，公共体育服务人才不仅能够提升个人的专业能力，还能为整个领域带来新的活力与发展方向。

培养跨学科思维能力是创新思维训练的核心任务。跨学科思维能力要求个体能够将不同领域的知识进行有效的融合与应用，以解决复杂的实际问题。在公共体育服务领域，这意味着不仅要具备体育专业知识，还需了解管理学、社会学、心理学等相关领域的知识。通过跨学科的学习与实践，公共体育服务人才能够更好地理解和解决行业中的复杂问题，推动领域的创新发展。

头脑风暴是一种行之有效的创新思维训练方法，它能够激发团队成员的创意与想法。在头脑风暴的过程中，团队成员被鼓励自由表达自己的观点和设想，暂时搁置对想法的批判与评估。这种开放的讨论环境有助于挖掘团队成员潜在的创造力，并在相互启发中产生创新的解决方案。通过这种方式，公共体育服务人才能够在团队合作中发挥更大的作用，推动项目的创新进程。

建立开放的反馈机制是创新思维训练的另一个重要环节。通过鼓励团队成员分享新想法与建议，组织能够及时获取多元化的视角与意见，从而不断优化和改进项目方案。开放的反馈机制不仅有助于提升个体的创新能力，还能促进团队的凝聚力与协作能力。在公共体育服务领域，开放的反馈机制能够推动服务质量的提升，满足公众日益增长的多样化需求。

（二）实践项目设计

在公共体育服务体系的构建中，实践项目设计是培养人才创新与实践能力的关键环节。设计以社区需求为导向的体育活动项目，确保活动内容符合不同人群的兴趣和需求，是提升公共体育服务质量的核心策略。通过深入了解社区的具体

需求，体育活动项目可以更具针对性，从而激发社区成员的参与热情。这不仅有助于提高活动的参与率，还能在一定程度上促进社区的凝聚力和健康水平。

建立多方参与的项目评估机制是确保体育服务项目持续优化的重要步骤。定期收集参与者反馈，可以帮助识别项目的优缺点，从而为后续的改进提供依据。项目评估机制的多方参与性意味着不仅是参与者，社区组织、体育专业人士等也应参与其中。这种多元化的反馈体系能够全面反映项目实施效果，确保项目设计和执行的科学性和有效性。

整合本地资源，开展联合活动，能够有效促进社区内外的合作与互动，提高体育活动的参与度。通过与当地企业、学校和非营利组织的合作，体育项目可以获得更多的资源支持和推广渠道。这种合作模式不仅可以丰富项目的内容和形式，还能为参与者提供更多的学习和交流机会，进一步增强社区的活力和凝聚力。

开发针对特定人群的定制化体育服务项目，是满足其特有健康需求和兴趣的有效途径。青少年和老年人作为社区中的重要群体，其健康需求和兴趣各具特点。通过设计专门的体育活动项目，可以有效提升他们的身体素质和心理健康水平。定制化服务的实施需要考虑到不同群体的生理和心理特征，以确保项目的安全性和有效性。

现代科技手段的引入，为设计数字化体育活动项目提供了新的可能。利用应用程序和社交媒体平台，可以增强参与者的体验和互动性。数字化体育项目不仅可以打破时间和空间的限制，还能通过数据分析为参与者提供个性化的运动建议和反馈。

（三）问题解决能力

在公共体育服务体系中，问题解决能力是确保服务质量和效率的重要因素。识别问题的能力是培养公共体育服务人才的首要任务。专业人员需要具备敏锐的观察力和分析能力，能够迅速识别出服务体系中存在的各种问题与挑战。这种能力不仅要求对现有问题有清晰的认识，还需要能够预见潜在的风险和挑战，以便提前采取措施加以应对。

制定解决方案的能力是问题解决过程中不可或缺的一环。公共体育服务人才需具备根据问题的性质设计有效干预措施和行动计划的能力。解决方案的制订不仅需要考虑问题的复杂性，还需兼顾资源的合理配置与使用，以确保方案的可行性和有效性。通过科学的方法论和创新的思维方式，公共体育服务人才可以在不同情境下设计出切实可行的解决方案。

评估解决方案的有效性是确保公共体育服务不断进步的关键步骤。具备对实施方案进行反馈和评估的能力,有助于及时调整和优化方案。通过系统的评估机制,公共体育服务人才可以识别出方案的优势与不足,从而在后续的实践中进行改进。评估不仅是对方案的检查,更是对人才自身能力提升的一个重要环节。

跨部门协作能力在解决复杂问题时显得尤为重要。在公共体育服务体系中,问题往往涉及多个部门和领域,因此,能够与不同领域的专业人员共同合作,整合资源以解决复杂问题,是公共体育服务人才必须具备的能力。通过跨部门的协作,能够实现资源的最优配置,形成合力,从而更有效地应对挑战。

第二节　公共体育服务人才的培养途径与方法

一、公共体育服务人才培养的课程设置与教学方法

(一)课程设置原则

课程设置在公共体育服务人才培养中扮演着至关重要的角色。其原则之一是以公共体育服务的实际需求为导向,确保课程内容能够紧密结合社会发展和公众需求。这一原则要求课程设计者深入分析当前公共体育服务领域的动态变化,识别关键技能和知识点,并将其纳入课程体系中。通过这种方式,学生能够在学习过程中获得直接适用于实践的技能,满足社会对高素质体育服务人才的迫切需求。

课程内容应涵盖多学科知识,促进体育、管理、心理学等领域的交叉学习与综合应用。公共体育服务是一个综合性很强的领域,涉及多方面的专业知识。因此,课程设置需要打破传统学科界限,鼓励学生在不同学科间进行知识的整合与应用。这种跨学科的学习方式不仅能够拓宽学生的知识面,还能提高他们解决复杂问题的能力,为其未来在公共体育服务领域的职业发展奠定坚实基础。

课程设置应强调创新能力的培养,鼓励学生探索新技术和新方法在公共体育服务中的应用。随着科技的迅猛发展,公共体育服务领域不断涌现出新的技术和方法。因此,课程设计应注重培养学生的创新思维能力,使其能够主动适应和引

领行业变革。通过引入最新的科技成果和创新案例，学生可以在学习过程中锻炼其创新能力，进而在未来的工作中发挥创造性。

(二)教学方法创新

在公共体育服务体系的人才培养过程中，教学方法的创新显得尤为重要。教学方法创新不仅是应对现代教育挑战的关键措施，也是提升学生综合素质的有效途径。采用项目导向学习法，学生通过设计与实施实际项目，能够有效提升解决问题的能力和团队合作精神。这种学习方法强调实践性和应用性，使学生在真实情境中锻炼自身的能力，培养其在复杂环境下的应变能力和决策能力。同时，项目导向学习还促进了学生的主动性和创造性，为其未来在公共体育服务领域的职业发展奠定坚实基础。

翻转课堂模式的引入，改变了传统课堂的知识传授方式。学生在课外自主学习理论知识，课堂上则集中进行讨论和实践。这种模式不仅增强了学习的互动性与参与感，还提高了学生的自主学习能力和批判性思维能力。在翻转课堂中，教师的角色由知识的传授者转变为学习的引导者和促进者，学生则由被动的知识接受者转变为主动的学习参与者。这种角色的转变有助于培养学生的创新思维和实践能力，使其在公共体育服务领域的学习更加深入和全面。

利用模拟训练和角色扮演等方法，学生可以在真实或模拟的环境中体验公共体育服务工作。这种教学方法的优势在于让学生提前感受到工作中的挑战和问题，提高其应对实际情况的能力。在模拟训练中，学生可以在安全的环境中尝试不同的策略和方法，积累实践经验。而角色扮演则帮助学生理解不同角色的职责和视角，培养其同理心和沟通能力。这些能力的提升对于未来从事公共体育服务工作至关重要，使学生能够更好地适应和胜任各类工作岗位。

结合在线学习平台，提供灵活的学习资源和课程内容，是现代教育发展的必然趋势。学生可以根据个人进度和兴趣进行自主学习，极大地提高了学习的效率和效果。在线学习平台不仅提供了丰富的学习资源，还为学生搭建了一个开放的交流与合作平台。在这个平台上，学生可以随时获取最新的知识和信息，与同学和教师进行互动交流，拓宽学习的广度和深度。这种学习方式的灵活性和便利性，使学生能够在任何时间、任何地点进行学习，充分利用碎片化时间进行知识的积累和能力的提升。

(三)评估与反馈机制

在公共体育服务人才的培养中,建立多层次的评估指标体系是确保人才培养效果的核心措施。这一体系应涵盖知识掌握、技能应用和服务效果等多个方面,从而能够全面评价学生在课程中的学习成效。通过科学的评估指标,教育机构可以更准确地识别出学生的优势与不足,进而为其制订个性化的学习计划,提升整体教学质量。

定期进行课程反馈调查是改进教学策略的重要手段。通过收集学生和教师对课程内容、教学方法及学习资源的意见,教育者可以更好地了解课程在实际教学中的表现。这种反馈机制不仅有助于及时调整和优化课程内容,还能促使教学方法的创新,以更好地满足学生的学习需求。同时,教师也能通过反馈不断提升自身的教学能力和专业水平。

引入同行评审机制是保障教学质量的有效途径。通过专家对课程和项目的评估,教育机构能够确保其教学质量与行业标准相符。这种评审不仅是对课程内容及教学方法的检验,更是对教育成果的深度分析。同行评审可以为课程设计提供专业的建议,推动教学的持续改进,从而提升公共体育服务人才的培养质量。

实施实践项目后的评估是优化服务项目设计的重要环节。关注参与者的满意度和项目的实际影响,可以为未来的课程设计提供宝贵的反馈数据。这种评估不仅能反映出项目对学生实际能力提升的贡献,还能揭示出项目设计中的不足之处。利用这些反馈,教育机构可以不断完善实践项目,确保其在实际应用中的有效性和影响力。

二、公共体育服务人才的实践训练与实习安排

(一)实践训练内容

实践训练在公共体育服务人才培养中扮演着至关重要的角色。实践训练内容的设计需要结合公共体育服务的实际需求,确保学员能够在真实环境中应用所学知识。首先,公共体育服务项目的设计与实施是实践训练的核心。学员需根据社区的具体需求制订适宜的活动方案,这不仅要求对社区人口结构、体育设施及居民兴趣的深入了解,还需具备创新思维和灵活应对的能力。通过这种方式,学员能够在实践中锻炼项目策划与执行的能力,为未来的职业发展奠定坚实基础。

在组织和协调社区体育活动方面，实践训练强调提升参与者的积极性与满意度。学员需掌握多种组织技巧，包括时间管理、资源分配和团队合作等，以确保活动的顺利进行。通过模拟真实的活动场景，学员可以在实践中学习如何处理突发情况，提高解决问题的能力。此外，培养学员的沟通能力和服务意识也是训练的重要目标，以确保他们能够有效地与社区成员互动，激发居民的参与热情，从而实现活动的预期效果。

公众健康知识的宣传与教育是实践训练的重要组成部分。学员需要在社区中开展多样化的健康教育活动，增强居民的健康意识与体育参与意愿。这不仅要求学员具备扎实的健康知识，还需能够将复杂的健康理念转化为通俗易懂的信息，传递给不同年龄层次的居民。通过这种方式，学员能够在实践中提高自身的传播能力和教育技巧，为未来的公共体育服务工作积累宝贵经验。

评估与反馈机制的建立是确保活动效果持续改进与优化的关键。学员在实践训练中需学习如何设计科学的评估指标，收集并分析活动数据，以便提出可行的改进建议。这一过程不仅帮助学员提升数据分析能力，还培养了他们的批判性思维和创新能力。通过不断的评估与反馈，学员能够在实践中实现自我提升，并为公共体育服务活动的长远发展贡献智慧。

（二）实习安排模式

实习安排模式是公共体育服务人才培养的重要环节，其设计需要与当地社区体育需求紧密结合。通过这种结合，学生在实践中能够真正服务于公众，从而提升其实际操作能力。这种需求导向的实习安排不仅提高了学生的实践技能，也为社区提供了有价值的服务。学生在实习中接触到真实的工作环境，能够将理论知识应用于实际问题的解决，这对于培养其解决问题的能力和服务意识至关重要。

在实习过程中，设立明确的角色与责任分配是提升学生综合素质与适应能力的关键。通过在不同岗位上的轮岗体验，学生可以了解公共体育服务的多样性和复杂性。这种多岗位的体验有助于增强学生的适应能力，使其能够在未来的职业生涯中灵活应对各种挑战。此外，明确的角色分配也有助于培养学生的责任感和团队协作能力，这些都是公共体育服务领域所需的重要素质。

与专业机构合作，为学生提供多样化的实习机会是拓宽其视野的重要手段。通过在公共体育服务中心、学校体育部门和非营利组织等多元化机构的实习，学生能够接触到不同的工作环境和服务模式。这种多样化的实习经历不仅丰富了学生的专业知识，也增强了其对公共体育服务的全面理解。与专业机构的合作还可以为学生提供更多的资源和机会，帮助其在实习过程中获得更深刻的学习体验。

定期组织实习总结与分享会是促进学生交流实践经验的重要方式。在这些分享会上，学生可以反思个人成长与不足，并从他人的经验中学习。这种相互学习与交流的机会有助于学生更好地理解公共体育服务的实际运作，提高其反思能力和创新意识。通过总结与分享，学生能够更清晰地认识到自己的优势与不足，从而在今后的学习和工作中更有针对性地提升自己。

（三）校企合作机制

校企合作机制是提升公共体育服务人才培养质量的重要途径。通过建立校企合作平台，高校与体育服务机构之间的信息共享与资源整合得以实现。这种合作不仅能使高校教学内容更具实用性，还能为学生提供真实的行业体验，增强其职业技能与市场竞争力。通过与体育机构的合作，学生能够在实践中理解公共体育服务的实际运作模式，深化对理论知识的掌握，形成理论与实践相结合的综合能力。

在校企合作的框架下，共同开发定制化的实习项目尤为重要。这些项目应根据体育服务行业的实际需求量身定制，使学生能在实习中接触到最前沿的行业动态与技术应用。通过参与这些项目，学生不仅能积累丰富的工作经验，还能在实际操作中提升解决问题的能力，增强其在就业市场中的竞争力。此外，这种定制化的实习项目还能帮助学生明确职业发展方向，激发其在公共体育服务领域的职业兴趣与潜能。

邀请企业专家参与课程设计与教学是校企合作机制中的关键环节。企业专家的参与能够确保课程内容与行业需求紧密结合，使学生所学知识能够直接应用于实际工作中。这种合作模式不仅提高了课程的实用性和前瞻性，还能帮助学生更好地理解行业标准与职业要求，提升其就业适应性。同时，企业专家的行业经验与视角也为学生提供了宝贵的学习资源，促进了学生的全面发展与成长。

定期举办校企联合培训与研讨会是促进学术界与实务界交流合作的重要方式。这些活动为高校教师和企业专家提供了一个沟通与交流的平台，有助于推动公共体育服务领域的创新与发展。通过研讨会，参与者可以分享最新的研究成果与行业动态，探讨公共体育服务领域的发展趋势与挑战。这种交流不仅能提升高校与企业的合作水平，还能为公共体育服务人才培养提供新的思路与方法。

三、公共体育服务人才的跨学科合作与交流

(一)跨学科课程设计

跨学科课程设计在公共体育服务人才培养中占据重要地位。这一设计理念要求将体育科学、心理学和社会学等多个学科有机结合,以全面提升学生的综合素质。通过这种整合,学生不仅能够掌握体育专业知识,还能理解心理学和社会学在体育活动中的应用,进而在公共体育服务中更好地满足不同人群的需求。跨学科的学习路径使学生具备更广泛的视野和更加灵活的思维方式,能够在体育服务中考虑到多方面因素,从而提供更全面的服务。

课程设计的重点在于实践性,强调通过实地考察和社区参与活动来增强学生的实际应用能力。理论知识的学习固然重要,但只有通过实践,学生才能真正理解和掌握这些知识的应用价值。实地考察让学生有机会观察和分析公共体育服务的实际运作,而社区参与活动则提供了一个平台,让学生能够直接参与到服务中,体验服务的全过程。这种实践导向的课程设计不仅提高了学生的动手能力,也增强了他们对公共体育服务的理解和认同。

在跨学科课程设计中,管理学和经济学的知识同样不可或缺。这些学科的引入帮助学生理解公共体育服务中的资源配置与项目管理问题。在公共体育服务的实际运作中,如何有效地管理资源、规划项目、控制成本等都是需要面对的现实问题。通过学习管理学和经济学,学生能够掌握项目管理的基本原理和方法,学会如何在有限的资源条件下实现最优的服务效果,从而提高公共体育服务的效率和质量。

信息技术与数据分析的基础知识也是跨学科课程的重要组成部分。现代科技的发展对公共体育服务的效率提升起到了关键作用。通过学习信息技术和数据分析,学生能够掌握现代科技手段在公共体育服务中的应用,学会如何利用数据分析来优化服务流程、提高服务质量。这不仅提升了学生的科技素养,也使他们在未来的工作中能够更好地适应科技发展的趋势,保持竞争力。

(二)合作交流平台

合作交流平台在公共体育服务人才的培养中扮演着关键角色。通过建立这些平台,可以有效促进不同学科之间的合作与互动,尤其是在体育服务领域与心

理学、社会学等学科的交叉研究中。跨学科研究小组的建立，旨在通过多元视角的融合，推动公共体育服务领域的创新与发展。这不仅有助于丰富理论研究的深度，还能为实践提供新思路，提升公共体育服务的整体效能。

定期举办跨学科研讨会是促进学术交流的重要方式。这些研讨会邀请来自不同领域的专家学者，分享他们的最新研究成果与实践经验。通过这样的交流，参会者可以了解各领域的前沿动态，激发新的研究灵感，并在实践中应用这些新知。学术交流不仅仅是知识的传递，更是思想的碰撞和创新的催化剂，这对于公共体育服务人才的培养具有深远意义。

创建线上平台为不同学科的研究者与实践者提供了一个便捷的交流空间。通过这些平台，参与者可以进行实时沟通，分享资源与信息，打破时间和空间的限制。这种即时性和共享性不仅提高了合作效率，还促进了资源的优化配置。线上平台的建设，推动了跨学科的深入合作，为公共体育服务领域的创新提供了强有力的支持。

跨学科项目资助的设立，鼓励高校与企业联合申请研究资金，推动公共体育服务相关的创新项目。这种资助机制不仅为研究提供了必要的资金支持，还促进了产学研结合的深化。通过项目的共同实施，学术界与产业界可以实现优势互补，创新成果的转化效率得以提升，从而推动公共体育服务的可持续发展。

（三）跨领域项目实践

在公共体育服务体系中，跨领域项目实践不仅仅是简单的跨界合作，更是通过整合不同专业的知识与技能，推动公共体育服务的创新与多样化发展。通过这种整合，公共体育服务能够突破传统界限，形成更加丰富的服务形式和内容，进而满足日益复杂的社会需求。跨领域项目实践的核心在于打破学科壁垒，促进不同领域之间的深度融合，形成合力，推动公共体育服务的全面提升。

在跨领域项目实践中，与健康、教育、社会工作等领域的合作尤为重要。这种合作不仅能够设计出更具综合性的体育项目，还能更好地满足社区的多元化需求。例如，通过与健康领域的合作，可以将体育与健康管理相结合，开发出有助于提升居民健康水平的项目；与教育领域的合作，则可以通过体育教育提升青少年的综合素质；而与社会工作的结合，可以在体育活动中融入社会服务的元素，增强社区的凝聚力和社会资本。这些跨领域的合作，不仅丰富了公共体育服务的内容，也提升了其社会价值。

跨领域项目实践的成功实施离不开资源的有效共享与整合。不同领域拥有各自的优势和资源，通过有效的资源整合，可以大幅提升公共体育服务的效率与质量。在实践中，这种整合不仅涉及物质资源的共享，如场地、设备等，还包括人力资源的优化配置。通过跨领域的资源整合，可以最大限度地发挥各领域的优势，形成协同效应，从而在有限的资源条件下，实现公共体育服务的最大化效益。

项目的实施过程中，建立跨领域团队是实现目标的关键。这些团队由来自不同专业背景的人员组成，他们各自带来了不同的视角和专业知识，通过团队内部的沟通与协作，可以更好地实现共同的服务目标。跨领域团队的建设，不仅需要明确的组织架构和分工，还需要建立有效的沟通机制，以确保团队成员之间的信息流畅和意见共享。通过这种团队合作，能够更好地应对项目实施过程中遇到的各种挑战，推动项目的顺利进行。

四、公共体育服务人才的继续教育与职业发展

(一)继续教育课程

继续教育课程在公共体育服务人才的培养中扮演着至关重要的角色。其设计应紧密围绕最新的公共体育服务理论与实践，旨在帮助从业人员不断更新自身的知识体系，提升专业素养。通过深入学习最新的行业动态，学员能够更好地适应不断变化的工作环境，增强其在公共体育服务领域的专业能力和实践水平。继续教育课程不仅要传授理论知识，还需结合实际案例分析，使学员在理论与实践的结合中获得更深层次的理解和应用能力。

继续教育应提供多样化的学习方式，以满足不同学习者的需求。在线学习、研讨会和实地考察等形式各具特色，能够为学员提供灵活且富有成效的学习体验。在线学习打破了时间和空间的限制，使学员可以根据自己的节奏进行学习。研讨会则通过互动和讨论，激发学员的思维碰撞和创新能力。实地考察让学员亲身体验公共体育服务的实际运作，直观地了解行业的最新发展和实践。这些多样化的学习方式共同构筑了一个全面的继续教育体系。

课程内容的设置应全面涵盖公共体育服务的政策法规、管理技巧与创新实践。这些内容不仅帮助学员掌握行业的基本框架和运作机制，还能通过深入剖析政策法规的背景和实施效果，提升学员的政策敏感度和执行能力。管理技巧的培训则着重于提升学员的组织协调能力和团队管理能力，确保他们能够在复杂的环境中高效地开展工作。创新实践部分则鼓励学员探索新的服务模式和方法，为公

共体育服务的提升提供新的思路和解决方案。

继续教育课程还应注重职业发展规划，帮助学员制定个人发展目标。这一过程不仅是对学员当前能力的提升，更是对其未来职业道路的引导。通过继续教育，学员可以明确自身在公共体育服务领域的发展方向，识别自身的优势和不足，从而制定切实可行的发展计划。这样的规划不仅提升了学员的竞争力，也为公共体育服务领域培养了更具潜力和创新能力的人才队伍。

(二)职业发展路径

职业发展路径是公共体育服务人才成长与进步的重要组成部分。一个有效的职业发展路径不仅能够帮助从业人员明确自身的职业方向，还能为其提供持续发展的动力和机会。在公共体育服务领域，职业发展路径应当从基层岗位到管理层设立清晰的晋升机制。这种机制的建立，要求在组织内部构建明确的职业阶梯和发展通道，使每个从业人员都能看到自己的职业发展前景，从而激发其工作积极性和专业成长的意愿。

为了确保职业发展路径的有效性，制定个性化的职业发展规划是必不可少的。个性化的职业发展规划应当考虑从业人员的兴趣、特长和职业目标，帮助他们选择适合的专业发展方向。通过这样的规划，公共体育服务人才能够在职业生涯中更好地发挥自身优势，实现个人价值的最大化。同时，个性化的职业发展规划也有助于组织更好地配置人力资源，提升整体工作效率和服务质量。

在职业发展过程中，参与行业认证与资格考试是提升专业认可度与市场竞争力的重要途径。行业认证不仅是对从业人员专业能力的认可，也是其职业发展的有力支持。通过参与行业认证与资格考试，公共体育服务人才可以不断检验和提升自己的专业水平，增强在行业中的竞争力。此外，行业认证还可以为从业人员提供更多的职业发展机会，促进其在职业生涯中的晋升与发展。

提供多样化的继续教育与培训机会是确保公共体育服务人才适应行业变化的关键。随着社会的发展和行业的不断变化，从业人员需要不断更新知识与技能，以应对新的挑战和机遇。通过多样化的继续教育与培训，公共体育服务人才可以及时掌握最新的行业动态和专业技术，保持自身的竞争力和适应能力。这不仅有助于个人的职业发展，也为行业的可持续发展提供了有力支持。

(三)职业技能提升

在公共体育服务领域，职业技能的提升是确保从业人员能够高效履行职责的关键。公共体育服务人才需掌握有效的项目管理技能，以确保活动的顺利规划、实施和评估。项目管理技能不仅包括时间和资源的合理分配，还涉及团队协作和沟通能力的提升。在多样化的体育活动中，项目管理技能的应用有助于从业人员在复杂的环境中保持高效运作，确保每个活动环节的无缝衔接，从而提升整体服务质量。

数据分析能力的提升对于现代公共体育服务人才而言尤为重要。利用数据驱动决策可以帮助从业人员更好地理解社区需求，优化资源配置，并提升活动效果。通过对参与者数据、活动反馈和资源使用情况的分析，公共体育服务人员能够制订更具针对性的活动方案，提升居民参与度和满意度。此外，数据分析能力的培养还可以帮助从业人员在面对政策变动和市场变化时，做出更为精准的判断和调整。

培养危机应对能力也是公共体育服务人才职业技能提升的重要组成部分。公共体育活动常常涉及大量参与者，突发事件如天气变化、设备故障或安全事故等都可能对活动造成影响。具备良好的危机应对能力，能够帮助从业人员在突发事件中快速做出反应，采取有效的应对措施，保障活动的安全与顺利进行。这不仅保护了参与者的安全，也维护了公共体育服务机构的声誉。

人际交往能力在公共体育服务中同样不可或缺。增强人际交往能力有助于从业人员建立良好的公众关系，促进社区居民对体育活动的参与和支持。通过有效的沟通和互动，公共体育服务人员可以更好地理解居民的需求和期望，营造积极的活动氛围，进而提升社区凝聚力和居民的健康水平。人际交往能力的提升也有助于从业人员在多方协作中，推动公共体育服务项目的顺利开展。

第三节　公共体育服务人才的评价与激励

一、公共体育服务人才的绩效评估标准

（一）评估指标体系

在构建公共体育服务体系中，人才的绩效评估是确保服务质量与效率的关键环节。评估指标体系的设计应综合考虑多方面因素，以全面反映人才的综合能力和工作表现。其核心在于通过多维度的评估来实现对人才的全面了解与合理激励。服务质量评估是其中的重要组成部分，通过收集公众的反馈和满意度调查，

能够有效评估公共体育服务的质量和效果。这不仅反映了服务的直接成果，也为服务的持续改进提供了依据。此外，专业技能评估通过考核公共体育服务人才的专业知识和实践技能，确保他们具备必要的职业能力。这一评估维度强调了理论与实践结合的重要性，确保人才能够胜任其岗位职责。

团队协作评估则关注公共体育服务人才在团队中的合作能力。现代公共体育服务的实施常常需要团队协作，因此，评估其沟通、协调与冲突解决的能力显得尤为重要。通过这一评估，可以识别出团队中具有领导潜力和协调能力的人才，从而为团队的高效运作提供保障。创新能力评估则考察公共体育服务人才在项目设计与实施中的创新思维和解决问题的能力。公共体育服务领域的不断发展需要创新思维的推动，评估人才的创新能力不仅有助于项目的成功实施，也为服务体系的长远发展奠定了基础。

（二）评估方法选择

评估公共体育服务人才的绩效，选择合适的方法至关重要。定期进行问卷调查是量化评估服务质量的重要手段。通过收集公众对体育服务的满意度与反馈，能够有效反映出服务的实际效果。这种方法不仅能够提供直接的用户体验数据，还能揭示出服务过程中可能存在的问题，从而为提升服务质量提供依据。此外，问卷调查的结果也为制定后续的改进策略提供了数据支持，是评估方法中不可或缺的一环。

实地观察和参与是另一种评估公共体育服务人才的重要方法。通过深入实际工作场所，观察和记录人才在具体情境中的表现，可以更真实地评估其适应能力和实际工作水平。这种方法能够捕捉到问卷调查无法反映的细节，比如人才在面对突发事件时的应对能力和在团队合作中的表现。实地观察不仅有助于发现人才的优点，还能识别出潜在的培训需求，为后续的职业发展规划提供参考。

定期的职业发展评审是评估公共体育服务人才专业成长与道德表现的重要环节。通过结合个人目标与行业标准，职业发展评审可以为人才提供明确的发展方向和改进建议。评审过程中，关注的不仅是人才的专业技能提升，还包括其在职业道德方面的表现。这种评审机制能够激励人才不断提升自我，保持与行业发展的同步，同时也为组织识别和培养优秀人才提供了依据。

（三）评估结果应用

在公共体育服务体系中，人才的绩效评估结果具有重要的应用价值。评估结果不仅仅是对个人工作表现的总结，更是其职业发展的依据。通过对评估结果的深入分析，可以为公共体育服务人才制定个性化的成长计划。这种计划不仅能帮助个人明确未来的职业发展路径，还能为其提供必要的资源和支持，以实现职业目标的逐步达成。评估结果的应用不仅限于个人层面，还在组织层面上发挥着重要作用。

通过评估结果，公共体育服务组织能够识别出人才的优势与不足。这一过程有助于指导后续的培训与继续教育，明确培训的重点方向，使其更加有针对性和有效性。通过识别人才的具体需求，组织可以设计出更具实效性的培训项目，提升人才的综合素质和专业能力。这种有针对性的培养不仅提升了人才的个人能力，也为整个公共体育服务体系的优化提供了支持。

评估结果还可以用于优化公共体育服务项目的设计与实施。通过对评估数据的分析，组织可以更好地了解公众的需求，从而确保服务内容的设计更加符合公众的期望。这种基于数据的决策过程，能够提高服务的精准性和有效性，使公共体育服务更具吸引力和影响力。通过评估结果的反馈，组织可以不断调整和完善服务项目，提高公众的满意度和参与度。

结合评估结果，建立有效的激励机制是公共体育服务组织持续发展的关键。通过评估，组织可以识别出那些在工作中表现卓越的人才，并给予相应的奖励和认可。这种激励机制不仅能提升个人的工作积极性，还能激发整个团队的创新精神和合作意识。通过对优秀人才的表彰，组织能够营造出一种积极向上的工作氛围，推动整个公共体育服务体系的不断进步。

二、公共体育服务人才的激励机制设计

(一)物质激励措施

物质激励措施在公共体育服务体系中扮演着关键角色。设立绩效奖金是其中重要的一环，通过根据公共体育服务人才的工作表现和服务质量进行年度或季度奖励，不仅能够激励其持续提升服务水平，还能在一定程度上促进其个人职业发展。绩效奖金的设置应当科学合理，既要考虑到个体的实际贡献，又要兼顾团队的整体表现，以确保激励措施的公平性与有效性。在此基础上，提供职业发展津贴也是一种有效的激励手段。通过支持公共体育服务人才参加专业培训、继续教育和行业认证，能够有效增强其专业能力与市场竞争力。这种津贴不仅是对个

人能力提升的支持，更是对其职业生涯长远发展的投资。

实施岗位晋升机制是物质激励措施的另一重要组成部分。依据工作表现和贡献，给予公共体育服务人才晋升机会，有助于提升其职业满意度与归属感。这种机制的设计应当透明公正，确保每一位员工都能通过努力获得相应的回报。岗位晋升不仅仅是职位的提升，更是对个人能力与贡献的认可，从而激励员工在各自岗位上发挥更大的潜力。此外，建立服务成果奖励制度也是激励创新与积极参与的重要途径。对于在社区体育活动中产生显著影响的个人或团队给予物质奖励，不仅能鼓励其继续创新，还能在更大范围内推广优秀实践经验。这样的奖励制度应当注重创新性和实际效果，以推动公共体育服务的整体进步。

设立年度优秀员工评选是物质激励措施中的一项传统而有效的方式。给予获奖者奖金、证书以及其他物质奖励，不仅能够提升员工的荣誉感与职业认同，还能在组织内部树立榜样，激励其他员工向优秀看齐。年度优秀员工评选的标准应当明确且具有可操作性，以确保评选过程的公正与透明。通过这样的评选机制，不仅能够发现和表彰优秀人才，还能在组织内部营造积极向上的工作氛围，促进公共体育服务的持续提升。

（二）精神激励策略

精神激励策略在公共体育服务人才的管理中扮演着至关重要的角色。通过建立荣誉体系，可以有效地表彰优秀的公共体育服务人才，从而增强他们的职业成就感和自豪感。这种荣誉不仅仅是对个人贡献的认可，更是对其职业生涯的一种激励，促使他们在未来的工作中持续贡献。荣誉体系的设计应当充分考虑到多元化的标准和公平的评选机制，以确保每位员工都能看到自身的努力被认可的可能性，从而在组织内部形成积极向上的竞争氛围。

组织定期的团队建设活动是精神激励策略的另一重要组成部分。这些活动不仅有助于增进团队成员之间的情感联系，还能培养团队的合作精神，提升整体的工作氛围。通过团队建设，员工可以在轻松愉快的环境中加强彼此的了解和信任，从而在工作中更加默契地协同合作。这种情感上的纽带和合作意识，对于公共体育服务这样需要团队协作的工作尤为重要，有助于提高团队的效率和凝聚力。

开展心理支持与辅导服务也是精神激励策略中不可或缺的一环。公共体育服务人才在繁忙的工作中常常面临较大的心理压力，因此，关注他们的心理健康显得尤为重要。通过心理支持与辅导，组织可以帮助员工更好地应对工作压力，提高他们的工作满意度。心理辅导服务应当由专业人士提供,确保员工在需要时能够得到及时有效的帮助,这不仅能提高个人的工作效率,也能减少因心理问题导致的员工流失。

倡导企业文化是精神激励策略的核心。通过强调公共体育服务的重要性与社会价值,组织可以增强员工对其使命的认同感和归属感。这种认同感是员工内在动力的重要来源,使他们在工作中不仅仅是为了完成任务,更是为了实现更高的社会价值。企业文化的建设需要从组织的愿景、价值观和行为准则等方面入手,通过各种形式的宣传和培训,使员工深刻理解并认同组织的使命和目标,从而在工作中自发地践行这些理念。

三、公共体育服务人才的职业发展路径

(一)职业晋升通道

公共体育服务领域的人才职业发展路径多样而丰富,职业晋升通道的设计对于激发从业者的积极性和提升整体服务水平至关重要。公共体育服务人才的初级岗位通常包括社区教练或活动组织者,这些岗位的职责主要集中在日常活动的实施与管理。他们通过直接参与社区体育活动,积累实践经验,并在与参与者的互动中提升自身的组织和沟通能力。这一阶段的工作为他们未来的职业发展奠定了坚实的基础。

中级岗位包括项目经理或体育服务协调员,这些岗位要求从业者具备更高的策划和执行能力。项目经理需要负责大型体育项目的整体规划和执行,他们不仅要协调多个团队的合作,还需确保项目按计划推进,达到预期目标。这一角色的核心在于提升组织能力与管理水平,培养从业者的全局观和应变能力,从而为其晋升至更高层次的管理岗位做好准备。

高级岗位如体育服务机构的管理者则需要更为全面的战略思维和领导能力。他们的职责不仅限于机构内部的管理,还包括制定机构的发展方向与政策。这些管理者需具备识别行业趋势和应对外部挑战的能力,推动机构的长远发展。通过在不同层级的岗位中积累经验,公共体育服务人才能够逐步提升自身的职业素养和管理能力,最终承担起更为重要的领导角色。

公共体育服务领域也为从业者提供了专业领域的转型发展机会。例如,从公共体育服务转向健康管理或运动科学,这不仅拓宽了职业发展空间,也为从业者

提供了多样化的职业选择。通过在相关领域的深造和实践，公共体育服务人才可以将其在体育服务中的经验与新领域的专业知识相结合，从而在职业生涯中实现新的突破。

（二）职业技能提升

在公共体育服务体系中，职业技能的提升是人才职业发展路径中的关键环节。职业技能的提升不仅仅是个人能力的提高，更是公共体育服务项目顺利进行和高效运作的基础。掌握体育活动的组织与管理技能对于公共体育服务人才而言尤为重要。这些技能包括活动策划、资源调配、团队协作等方面的能力。通过系统的培训和实践，公共体育服务人才能够更好地协调各项资源，确保活动的有序开展。有效的组织与管理技能不仅提高了活动的成功率，也增强了服务对象的满意度，进而提升公共体育服务的整体质量。

在公共体育服务领域，沟通能力的提升同样不可忽视。公共体育服务涉及多个利益相关者，包括政府部门、体育组织、参与者等。有效的沟通能力使公共体育服务人才能够在不同利益相关者之间架起桥梁，确保信息的准确传递与理解。这种能力不仅包括语言表达能力，还涉及倾听、反馈以及跨文化交流等方面的技巧。通过提升沟通能力，公共体育服务人才能够更好地理解和满足各方的需求，促进合作与共赢。

危机管理能力是公共体育服务人才必须具备的重要技能之一。在体育活动中，突发事件时有发生，如天气变化、设备故障、人员受伤等。培养危机管理能力，使公共体育服务人才能够在紧急情况下迅速做出反应，采取有效措施保障活动的安全与顺利进行。这不仅要求其具备快速决策和应急处理的能力，还需要具备良好的心理素质和压力管理能力，以确保在危机中保持冷静和理智。

数据分析能力的增强为公共体育服务的资源配置与活动效果的优化提供了科学依据。在信息化时代，数据已经成为决策的重要依据。通过数据分析，公共体育服务人才能够洞察活动的参与情况、效果评估以及资源使用情况，从而做出更为精准的决策。数据驱动的决策不仅提高了资源的使用效率，还提升了活动的质量和参与者的体验，最终实现公共体育服务的可持续发展。

（三）职业转换支持

职业转换支持在公共体育服务人才的职业发展中扮演着关键角色。提供职业转换咨询服务是一项重要举措，旨在帮助公共体育服务人才识别自身的优势与市场需求之间的匹配度。通过专业的咨询服务，人才能够清晰地了解自身的核心竞争力，并结合市场的变化趋势，制定出切实可行的职业转型计划。这一过程不仅有助于提升人才的自我认知，还能够有效地引导其在职业生涯中做出明智的选择，从而在新的领域中获得更大的发展空间。

建立职业转换培训课程是支持公共体育服务人才职业发展的另一重要途径。这些课程专注于新领域所需的专业知识与技能的培养，旨在提升人才在新职业环境中的适应能力。通过系统的培训，公共体育服务人才能够迅速掌握必要的理论知识和实践技能，从而在职业转换过程中保持竞争力。课程的设计应充分考虑到不同行业的特点和需求，以确保培训内容的实用性和前瞻性，为人才的职业转换提供坚实的基础。

搭建跨行业交流平台是促进公共体育服务人才职业发展的有效方式之一。通过这样的平台，公共体育服务人才可以与其他行业的专业人士进行深入的经验分享与资源对接。这不仅有助于拓宽他们的职业发展视野，还能够为他们提供宝贵的人脉资源和合作机会。跨行业的交流能够激发创新思维，帮助人才在新的职业领域中找到更具创意和价值的解决方案，从而实现职业生涯的进一步突破。

实施实习与实践项目是提升公共体育服务人才在新领域中的实际操作能力与信心的重要手段。通过这些项目，人才可以获得宝贵的跨领域工作经验，了解新行业的运作模式和工作流程。这种实践性强的学习方式能够有效地弥补理论学习的不足，使人才在实际工作中更加游刃有余。同时，实习与实践项目也为人才提供了一个检验自身职业转型计划的机会，从而更好地调整和优化未来的发展路径。

第四节　公共体育志愿者队伍的建设与管理

一、公共体育志愿者的招募与选拔机制

（一）招募渠道

公共体育志愿者的招募渠道多样化是确保志愿者队伍活力与持续发展的重要基础。通过社交媒体平台发布志愿者招募信息，能够有效吸引年轻人和社区成

员的关注与参与。这些平台不仅具有广泛的传播力，还能通过互动性和实时性增强信息的吸引力，使更多潜在志愿者了解并参与到公共体育服务中。此外，与高校和职业院校的合作也是志愿者招募的重要途径。通过在这些教育机构开展志愿者招募宣讲活动，可以直接面向学生群体进行宣传，激发他们的参与热情。这种合作不仅为学生提供了实践机会，也为公共体育服务注入了新鲜血液。

利用社区公告栏和地方媒体进行宣传是传统而有效的方式。通过这些渠道发布志愿者招募信息，可以提高公众对志愿者活动的认知度，特别是在一些互联网使用率较低的社区中，这种方式能有效覆盖到更多的人群。组织志愿者招募活动，如开放日或宣传展，提供现场咨询与报名机会，能够增强互动性，让潜在志愿者更直观地了解志愿服务的内容和意义。这种面对面的交流方式，能够有效消除参与者的疑虑，增强他们的参与意愿。

与非营利组织和志愿服务机构建立合作关系，是拓宽招募渠道的战略性举措。通过这些合作，可以借助其已有的志愿者网络和资源，吸引更多的志愿者参与公共体育服务。这种合作不仅能扩大志愿者的来源，还能在活动组织、管理经验等方面相互借鉴，提高志愿服务的质量和效率。通过多元化的招募渠道，公共体育志愿者队伍能够吸纳来自不同背景的人才，为公共体育服务的持续健康发展提供有力支持。

（二）选拔标准

在构建公共体育服务体系的过程中，志愿者的选拔标准至关重要。志愿者不仅是公共体育服务的执行者，更是理念的传播者和活动的推动者。因此，志愿者的社会责任感与使命感成为选拔的重要标准。具备强烈的社会责任感和使命感的志愿者，能够在公共体育服务中发挥积极作用，推动体育文化的传播和普及。通过参与各类体育活动，他们不仅能增强自身的社会责任感，还能将这种责任感传递给服务对象和其他志愿者，形成良性的社会氛围。

志愿者的沟通能力是确保公共体育服务顺利进行的关键因素。在与服务对象、团队成员及其他相关人员的互动中，良好的沟通能力可以确保信息的准确传递，减少误解与冲突。在公共体育服务中，志愿者需要面对不同背景和需求的服务对象，能够有效地沟通，不仅有助于提高服务质量，还能增强服务对象的参与感和满意度。通过系统的培训和实践，志愿者可以不断提升自己的沟通技巧，以适应多样化的服务场景。

团队合作精神是志愿者在公共体育服务中不可或缺的品质。公共体育服务往往需要多方协作,志愿者必须能够在团队中发挥积极作用,促进良好的合作氛围。团队合作不仅可以提升工作效率,还能通过集思广益,创新服务模式。在团队中,志愿者需要学会倾听与分享,尊重他人的意见,协调各方的利益,以实现共同的目标。培养志愿者的团队合作精神,有助于提高公共体育服务的整体效能。

志愿者的专业知识与技能是提升公共体育服务质量的基础。具备相关的体育知识和活动组织能力的志愿者,能够更有效地开展体育活动,满足不同人群的需求。专业知识的积累不仅有助于志愿者自身的发展,还能通过知识的传递,提高服务对象的体育素养。志愿者可以通过参加专业培训、实践活动等方式,不断提升自己的专业水平,以适应不断变化的服务需求。

(三)评估流程

在公共体育志愿者的招募与选拔过程中,评估流程起着至关重要的作用。一个科学合理的评估流程可以确保招募到合适的志愿者,为公共体育服务的高效运作提供保障。评估流程的设计应充分考虑志愿者的多样性和服务需求的多元性。通过建立一套完整的评估标准,能够更好地筛选出具备相应能力和素质的志愿者。这些标准不仅包括对志愿者基本技能的考察,还应涵盖对其沟通能力、团队合作精神以及应变能力等方面的评估,以确保志愿者能够胜任各种复杂的体育服务任务。

志愿者招募信息的发布与传播方式在评估流程中同样占据重要位置。有效的信息发布与传播方式能够吸引更多潜在志愿者的关注,并提高招募的成功率。现代科技的发展为志愿者信息的传播提供了多种途径,如通过社交媒体、专业网站以及移动应用等渠道进行广泛宣传。这不仅能够扩大招募的覆盖面,还能精准定位目标志愿者群体,提高信息的触达率。此外,借助传统媒体如报纸、广播等方式,也可以有效地触及不同年龄层次的潜在志愿者,形成全方位的招募网络。

在志愿者的背景调查与资格审核流程中,确保志愿者具备合格的服务资质是关键步骤。背景调查通常包括对志愿者的个人信息、过往服务经历以及专业技能的核实。通过严谨的审核流程,可以有效降低服务风险,确保志愿者在服务过程中能够遵循相关规范,维护公共体育服务的声誉。资格审核不仅是对志愿者个人能力的验证,也是对其服务动机和责任意识的考察,从而保证志愿者队伍的稳定性和专业性。

志愿者培训与技能提升的评估标准是评估流程中不可或缺的环节。通过系统的培训,志愿者能够掌握必要的服务技能和知识,提高其服务水平和效率。评估标准应涵盖培训内容的全面性、培训方式的适用性以及培训效果的持续性等多个方面。通过定期的技能评估，可以发现志愿者在服务过程中存在的不足，并为其提供有针对性的培训和指导，从而不断提升志愿者的服务能力。

志愿者参与活动后的反馈收集与分析机制是评估流程的重要组成部分。通过对志愿者服务活动的反馈收集，可以获得关于服务质量、志愿者体验以及活动组织的第一手资料。分析这些反馈，不仅能够帮助组织方改进活动设计，提高服务质量，还能增强志愿者的参与感和归属感。反馈机制的有效运行需要建立在透明、公正的基础上，确保每位志愿者的意见都能得到重视和回应。

二、公共体育志愿者的培训与能力提升

(一)培训内容

志愿者在公共体育服务中扮演着至关重要的角色，因而其培训内容应涵盖广泛的领域。首先，志愿者需要深刻理解志愿服务的基本理念与价值观。这不仅有助于他们认识到公共体育服务的重要性，还能增强他们的社会责任感。通过系统的培训，志愿者将更好地理解自身在推动全民健身、促进社会和谐中的角色和使命。认识到公共体育服务不仅是单纯的活动执行，更是对社会公共福祉的贡献，能够激励志愿者在服务中更投入，提高积极性。

有效的沟通技巧是志愿者在活动中必备的能力。沟通不仅涉及与参与者的交流，还包括与其他志愿者和组织者的互动。通过专业的沟通技巧培训，志愿者可以学习如何在复杂的活动环境中清晰表达信息和倾听反馈。这种能力对于维护活动的顺利进行和提升参与者的体验至关重要。此外，良好的沟通可以促进团队内部的协作，减少误解和冲突，增强团队的凝聚力和执行力。

团队合作与协作能力的培养是志愿者培训的另一个重要方面。在多元化的团队中，志愿者需要学会如何与不同背景和技能的人合作。通过团队合作培训，志愿者能够提升协作精神，学会在团队中发挥自己的特长，同时尊重和支持他人的贡献。这种能力不仅有助于提高活动的整体效果，还能帮助志愿者在面对复杂问题时，利用集体智慧找到创新的解决方案。

活动组织与管理技能是确保志愿者能够独立策划和执行体育活动的关键。通过系统的培训，志愿者将学习活动策划、资源配置、时间管理等方面的知识。这些技能使志愿者能够高效地组织活动，从而提高活动的专业性和参与者的满意

度。此外，志愿者在组织活动过程中积累的经验，也为他们未来的个人发展提供了宝贵的实践机会。

（二）能力评估

志愿者的能力评估在公共体育服务体系中具有重要作用，通过系统的评估机制，可以有效提升志愿者的服务质量和工作效率。在沟通能力评估方面，观察志愿者在活动中与参与者和团队成员的互动效果是关键。良好的沟通能力不仅能促进活动的顺利进行，还能提升参与者的体验感。因此，通过对志愿者与不同群体的交流方式、语言表达能力以及倾听能力的观察，可以全面评估其沟通能力。这种评估有助于识别志愿者的优势与不足，从而为其提供更有针对性的培训和指导。

团队合作能力是志愿者在公共体育活动中不可或缺的素质。通过分析志愿者在参与团队活动中的表现，可以评估其合作精神与协作能力。志愿者在团队中表现出的责任感、协作意识和解决冲突的能力，直接影响到活动的整体效果。因此，能力评估不仅关注志愿者个人的贡献，还重视其在团队中协调一致的表现。通过这种评估，管理者可以帮助志愿者更好地融入团队，提升团队的整体凝聚力和工作效率。

项目组织与管理能力的独立性评估主要考察志愿者在策划与执行活动中的能力。志愿者在活动中扮演着多重角色，他们需要具备独立思考和决策的能力。通过评估志愿者在活动策划、资源调配、时间管理等方面的表现，可以了解其在项目管理中的独立性。这种评估不仅帮助志愿者提升个人能力，也为活动的成功开展提供了保障。通过持续的评估和反馈，志愿者能够在实践中不断成长，积累丰富的管理经验。

安全意识与应急处理能力是志愿者在活动中必须具备的重要能力。在突发情况下，志愿者的反应与处理能力直接关系到活动的安全性和参与者的生命财产安全。因此，通过模拟突发事件或实际演练，评估志愿者的应急反应速度、问题解决能力和冷静程度，是能力评估的重要环节。这种评估不仅提高了志愿者的安全意识，也增强了其在面对紧急情况时的自信心和处理能力，为公共体育活动的安全性提供了有力保障。

（三）持续学习

在公共体育服务体系中，志愿者的持续学习是提升服务质量和志愿者个人能力的关键。通过建立持续学习机制,可以有效地鼓励志愿者定期参加相关培训与研讨,确保他们的知识与技能始终保持在最新水平。这种机制不仅包括传统的面对面培训,还应结合现代科技手段,利用在线学习平台提供灵活的学习资源。这些平台使志愿者能够根据个人节奏进行自我提升,满足不同背景和时间安排的志愿者的学习需求,从而提高整体志愿者队伍的专业素养。

为了进一步促进志愿者的学习与成长,定期的交流会是必不可少的。这些交流会为志愿者提供了一个分享经验的平台,使他们能够互相学习,吸收他人的成功经验和教训。这种经验分享不仅有助于个人能力的提升,还能增强志愿者团队的凝聚力和合作精神。此外,通过这种互动,志愿者能够在真实的情境中应用所学知识,提升解决实际问题的能力,进一步加强公共体育服务的效果和影响力。

在持续学习的过程中,学习成果奖励机制的设立是激励志愿者的重要手段。通过对在培训和学习中取得进步与成就的志愿者进行奖励,可以激发他们的学习热情和积极性。这种奖励不仅限于物质层面,还可以通过荣誉和认可的形式来实现。通过表彰学习优秀者,树立榜样作用,鼓励更多的志愿者参与到持续学习中来,从而营造一个积极向上的学习氛围,推动公共体育志愿者整体素质的提升。

整合行业最新动态与研究成果是确保志愿者能够及时获取公共体育服务领域前沿信息的有效途径。通过与高校、科研机构的合作,建立信息共享机制,志愿者可以获得最新的行业资讯和研究成果。这不仅有助于他们在服务过程中应用新知识,还能激发他们的创新意识和能力。

三、公共体育志愿者的组织与协调

(一)组织架构

公共体育志愿者的组织架构是确保志愿服务活动高效运转的基石。一个科学合理的组织架构应当包括管理层、协调层和执行层三个层级。管理层负责制定战略方向和政策,协调层负责具体的活动策划和资源分配,而执行层则是在活动现场直接与公众互动的志愿者。这样层级分明的结构不仅能够提高志愿活动的效率,还能确保每个志愿者都能在最合适的岗位上发挥其特长,从而为公共体育活动的顺利进行提供保障。

在组织架构中,明确各级组织的职责与分工是至关重要的。管理层需要对志愿者的整体发展方向和政策制定进行把控,协调层则负责将管理层的决策落实到具体的活动中，并负责资源的合理分配。执行层的志愿者则需要在活动中执行具体任务，与公众进行直接的互动。通过明确的职责分工，志愿者在各自的岗位上能够更好地发挥个人优势，为公共体育活动的顺利进行贡献力量。

建立专门的志愿者招募与培训团队是组织架构中的重要环节。这个团队负责志愿者的招募、培训和管理工作，确保志愿者在加入组织后能够迅速适应并胜任自己的工作。有效的招募和培训不仅能够提高志愿者的素质和能力，还能增强他们的归属感和责任感，进而提升整个志愿者队伍的专业水平和服务质量。

设立志愿者活动的反馈与评估机制是组织架构中不可或缺的一部分。通过及时收集和分析志愿者参与活动的效果与体验，组织可以不断优化活动流程和志愿者管理策略。这种反馈与评估机制不仅有助于发现活动中的问题和不足，还能为志愿者提供一个表达意见和建议的平台，进一步提高志愿者的参与感和满意度。

（二）协调机制

在公共体育志愿者的组织与协调中，协调机制扮演着至关重要的角色。一个高效的信息共享平台是这一机制的核心，它不仅能确保志愿者、管理层和参与者之间的信息及时传递与沟通，还能提升整体活动的执行效率。通过这一平台，志愿者能够及时了解活动的最新安排和变动，管理层则能迅速获取志愿者反馈，参与者也能获得活动的实时动态，从而实现信息的无缝对接。

制定明确的活动协调流程是协调机制的另一重要组成部分。清晰的流程能够确保各方在活动策划、执行和反馈中的角色与职责明确，从而减少因职责不清导致的误解和冲突。这一流程应涵盖活动的各个阶段，从前期的策划到中期的执行，再到后期的反馈，确保每一环节都能顺利衔接。通过这种系统化的流程管理，志愿者能够更好地理解自身在活动中的位置和作用，管理层也能更有效地进行资源调配和人员安排。

定期组织协调会议是促进志愿者与管理人员之间互动与合作的重要手段。这些会议不仅为双方提供了面对面沟通的机会，还能增强团队的凝聚力。在会议中，志愿者可以表达他们在活动中遇到的问题和挑战，管理层则可以根据这些反馈调整活动策略和资源配置。通过这种开放的沟通渠道，团队成员之间的信任和理解得以加深，进而提升整个团队的协作效率。

建立跨部门协作机制也是协调机制中不可或缺的一部分。志愿者活动往往需要与其他相关机构和组织进行合作，因此跨部门协作机制能够确保志愿者与这些机构有效对接，共同推动公共体育活动的实施。这种协作不仅能为志愿者提供更多的资源支持，还能扩大活动的影响力和覆盖面。通过这种跨部门的合作，公共体育活动能够实现更广泛的社会效益。

（三）沟通策略

有效的沟通策略是公共体育志愿者组织与协调的核心要素。建立定期的沟通机制，可以确保志愿者与管理层之间的信息交流畅通无阻，从而及时反馈活动进展与需求。这一机制的实施不仅有助于提高志愿者的参与积极性，还能增强他们对组织目标的认同感。通过定期的会议和报告，管理层能够了解志愿者在活动中的表现和需求，进而调整和优化活动计划。这种双向的沟通模式在国内外的志愿者管理中都被证明是有效的，能够显著提升活动的整体质量和效率。

制定明确的沟通渠道和流程是志愿者活动成功的基础。在活动的不同阶段，志愿者需要获取不同的信息与指导，因此，清晰的沟通流程至关重要。活动前，志愿者需要了解活动的背景、目标和具体任务；活动中，他们需要及时获取任务的进展情况和调整信息；活动后，反馈和总结则是不可或缺的环节。通过制定详细的沟通流程，志愿者可以在每个阶段都获得必要的支持和指导，从而更好地完成任务。这种系统化的沟通方式在国际志愿者管理中被广泛采用，能够有效提升志愿者的满意度和活动的成功率。

利用数字平台和社交媒体可以显著增强志愿者之间的互动，促进经验分享与资源整合。现代科技的发展为志愿者之间的沟通提供了便捷的途径，数字平台不仅能够实现信息的快速传递，还能为志愿者提供一个交流经验和分享资源的空间。通过社交媒体，志愿者可以随时随地分享自己的活动心得和经验，这不仅有助于个人能力的提升，也能促进团队成员之间的相互学习和支持。此外，数字平台还可以为志愿者提供在线培训和指导，提高他们的综合素质和活动能力。

定期的培训与交流活动是提升志愿者沟通技巧与团队协作能力的重要手段。通过系统的培训，志愿者可以学习到有效的沟通技巧和团队合作的方法，这对于增强团队凝聚力具有重要意义。交流活动则为志愿者提供了一个分享经验、交流心得的平台，通过面对面的互动，志愿者可以更深入地了解彼此，建立更紧密的合作关系。这种培训与交流的结合方式在国际志愿者组织中被广泛应用，能够有效提升团队的整体素质和活动的成功率。

四、公共体育志愿者的激励与保留策略

(一)激励措施

激励措施在公共体育志愿者管理中扮演着至关重要的角色。设立志愿服务贡献奖励是激励志愿者的重要手段。通过定期评选表现突出的志愿者,并给予证书和奖品,不仅能表彰他们的贡献,还能增强他们的成就感。这种认可机制不仅提升了志愿者的积极性,也促进了其他志愿者的努力投入。

提供志愿者培训与发展机会是提升志愿者技能水平的重要途径。鼓励志愿者参与各类专业培训,不仅能提高其个人技能,还能促进其个人成长与职业发展。这不仅有助于志愿者在公共体育服务中发挥更大作用,也为他们未来的职业道路铺平了道路。

组织志愿者团队建设活动能够有效增强团队凝聚力和归属感。通过集体活动,志愿者之间可以建立更紧密的联系,提升参与积极性。这种团队氛围有助于志愿者在服务过程中相互支持与合作,从而提高工作的整体效率和效果。同时,建立志愿者反馈机制也是激励措施中不可或缺的一部分。定期收集志愿者对活动的意见与建议,能够及时调整与改进活动组织,提升志愿者的参与感和满意度。这种双向沟通机制不仅能帮助管理者更好地了解志愿者的需求,也能让志愿者感受到被重视和尊重。

提供灵活的工作安排是确保志愿者能够积极参与公共体育服务的重要保障。尊重志愿者的时间与个人安排,能够让他们在参与服务时保持积极的体验。灵活的安排不仅能满足志愿者的个人需求,也能提高他们的参与意愿和持续性。这种人性化的管理方式能够有效减少志愿者的流失,确保志愿者队伍的稳定性和持久性。

(二)保留计划

在公共体育服务体系中,志愿者的保留计划至关重要。保留计划不仅关注志愿者的参与动机,还涉及如何持续吸引他们参与并保持高水平的服务质量。建立志愿者档案管理系统是保留计划的首要步骤。通过记录志愿者的参与经历、技能和培训情况,管理者能够对志愿者的贡献进行全面评估,并根据他们的能力和兴趣提供适合的任务。这种系统化的管理方式,不仅有助于提升志愿者的满意度,

还能为后续的管理与发展提供数据支持，确保志愿者在组织中的成长与进步。

为了进一步提高志愿者的留存率，定期开展志愿者满意度调查是不可或缺的环节。通过调查，管理者可以深入了解志愿者的参与体验与需求，从而及时调整管理策略。这种反馈机制不仅能提升志愿者的满意度，还能帮助组织识别潜在的问题与挑战。通过对调查结果的分析，管理者可以制定更具针对性的改进措施，确保志愿者在参与公共体育服务时感受到被重视和支持，从而增强他们的长期参与意愿。

在保留计划中，提供职业发展指导与建议是吸引志愿者长期服务的重要策略。通过帮助志愿者规划未来的职业道路，组织可以为他们提供更多的成长机会。这种职业发展支持不仅能增强志愿者对服务的责任感，还能激发他们的潜力，提升其在志愿服务中的表现。通过与志愿者共同制订职业发展目标，组织能够建立起志愿者与公共体育服务之间的紧密联系，增强其对组织的归属感与忠诚度。

志愿者交流平台的设立为志愿者之间的互动与经验分享提供了重要的渠道。通过这一平台，志愿者可以分享服务中的挑战与成功经验，增强团队的凝聚力与归属感。交流平台还为志愿者提供了一个展示自我与学习他人的机会，促进了志愿者之间的相互支持与合作。这种互动不仅有助于志愿者个人能力的提升，还能为组织营造积极向上的服务氛围，进一步巩固志愿者的团队精神。

灵活的志愿服务时间安排是提升志愿者参与积极性的关键因素。通过尊重志愿者的个人时间，组织可以制订更具弹性的服务安排。灵活的时间安排不仅能减轻志愿者的时间压力，还能提升他们参与公共体育服务的主动性。通过合理的时间管理，志愿者能够更好地平衡个人生活与志愿服务，从而在长期服务中保持高涨的热情与动力。

第六章　公共体育服务的信息化与智能化

第一节　公共体育服务信息平台的建设

一、信息平台的功能设计

（一）用户需求分析

公共体育服务信息平台的设计必须以用户需求为导向，以确保平台在实际应用中的有效性和用户满意度。用户对公共体育服务信息平台的功能期望主要体现在几个方面。用户希望平台能够提供便捷的查询和预约服务。这意味着用户可以轻松地查找附近的体育设施、活动信息，并能够在线预约场地或报名参与活动。这种便捷性不仅提高了用户的使用体验，也增强了公共体育服务的可及性。

用户期待平台能够提供个性化的运动推荐和活动信息，以满足不同年龄和兴趣群体的需求。个性化推荐功能可以通过分析用户的历史活动数据和偏好，提供量身定制的运动建议和活动安排。这种个性化服务有助于提高用户参与体育活动的积极性，并促进全民健身目标的实现。

用户对平台的互动性要求也不容忽视。他们期望能够通过评论、反馈和社交功能增强参与感。这种互动性不仅能够激发用户的参与热情，还可以形成一个活跃的社区氛围，促进用户之间的交流与分享。同时，平台的社交功能可以帮助用户找到志同道合的运动伙伴，进一步提升体育活动的乐趣和吸引力。

数据安全和隐私保护是用户在使用信息平台时非常关心的问题。用户希望平台能够确保个人信息的安全性，防止数据泄露和未经授权的访问。为此，平台设计中需要采用先进的数据加密技术和严格的权限管理机制，以保障用户信息的安全。同时，平台应明确用户数据的使用范围和目的，建立透明的信息使用政策，以赢得用户的信任。

（二）功能模块划分

在信息化时代，公共体育服务信息平台的功能模块划分是其成功构建的关键。功能模块的合理划分不仅有助于提高平台的使用效率，还能提升用户体验。在用户注册与登录模块方面，平台支持多种身份认证方式，如手机验证码、社交媒体账号绑定等。这种多样化的认证方式不仅提高了用户注册的便利性，还有效保障了用户的个人信息安全。此外，便捷的登录流程能够吸引更多用户参与，扩大平台的影响力。

活动查询与预约模块是平台的核心功能。通过提供多维度的筛选功能，用户可以根据自己的需求快速找到合适的体育活动。这一模块的设计旨在简化用户的操作步骤，通过活动类型、时间、地点等多种筛选条件，用户能够高效地定位到最符合其需求的活动。这不仅提升了用户的使用体验，也提高了活动的参与率和资源的利用效率。

个性化推荐模块是信息平台智能化的重要体现。该模块通过分析用户的历史行为和偏好，智能推送定制化的运动建议和活动信息。这种个性化的服务不仅能够提高用户的满意度，还能促进用户的持续参与。通过大数据和算法的支持，平台能够为用户提供更加精准的运动建议，帮助用户实现健康目标，增强用户黏性。

互动反馈模块的设计旨在增强用户的社区参与感与互动性。用户可以对参与的活动进行评价和讨论，分享自己的体验和建议。通过这种方式，平台不仅能够收集到宝贵的用户反馈，还能为用户提供一个相互交流的平台，形成良好的社区氛围。这种互动机制有助于提升用户的参与感和归属感，进一步促进平台的发展。

(三)服务流程设计

服务流程设计在公共体育服务信息平台中扮演着至关重要的角色，其合理性和高效性直接影响用户的使用体验和平台的运营效果。用户注册流程是服务流程设计的首要环节，旨在确保用户信息的准确性和完整性。通过精心设计的注册流程，用户在输入个人信息时，系统会进行实时校验，并通过身份验证机制来提升安全性。这不仅保护了用户的隐私，还防止了虚假信息的滋生，为后续的服务提供了可靠的基础。

活动查询流程是提升用户体验的重要环节。一个高效的活动查询系统应当提供多种筛选条件，如活动类型、时间、地点等，方便用户快速定位所需的体育活动。用户可以根据自己的兴趣和时间安排，轻松找到适合的活动参与。这种灵活的查询方式不仅提高了用户的满意度，也增加了活动的参与度，从而促进了公共体育服务的普及和发展。

预约确认流程是用户参与活动的关键步骤。当用户选择了心仪的活动后，系统会自动生成预约信息，并通过短信或邮件发送确认通知。这一流程确保了信息的及时性，使用户能够在第一时间确认自己的预约状态，并做好相关准备。同时，系统的自动化处理减少了人工干预的错误率，提高了整体服务的效率和可靠性。

互动反馈流程为用户提供了参与活动后的评价渠道。用户可以在活动结束后，通过平台对活动的组织、设施、服务等方面进行评价。系统会自动汇总这些反馈信息，供管理者参考，以便对活动进行优化和改进。这一流程不仅提升了用户的参与感和满意度，也为平台的持续改进提供了宝贵的数据支持，形成了良性循环。

二、信息平台的技术架构

(一)系统架构设计

在公共体育服务信息平台的建设中，系统架构设计是至关重要的一环。系统架构的模块化设计通过确保各功能模块之间的独立性与灵活性，极大地提高了系统的可维护性和可升级性。这种设计思路不仅使系统在面对技术更新和功能扩展时更加从容，也为开发团队在后续的系统优化和故障排除中提供了便利。模块化设计强调功能模块的独立性，避免了各模块间的过度耦合，从而降低了系统复杂度，提升了系统的整体效率和稳定性。

采用云计算技术是提升信息平台性能的另一关键措施。云计算的引入不仅大幅提高了平台的存储能力和计算效率，还能有效应对高并发用户的访问需求。通过云计算技术，平台可以动态分配计算资源，确保在用户访问高峰期也能保持流畅的用户体验。同时，云计算的弹性扩展能力使平台能够根据需求增长灵活调整资源配置，避免了传统服务器架构下资源浪费或不足的问题。这种灵活性为公共体育服务的广泛普及和应用提供了强有力的技术支撑。

在信息平台中引入大数据分析技术，为用户行为数据的实时处理提供了可能。通过大数据分析，平台能够精确捕捉用户的使用习惯和偏好，为个性化推荐模块提供强大的数据支持。这不仅提升了用户体验，还增加了平台的用户黏性和满意度。大数据分析技术的应用，使平台能够在海量数据中挖掘出有价值的信息，帮助运营者做出更加科学的决策和策略调整，推动公共体育服务的智能化发展。

建立API接口是拓展平台功能和服务范围的重要手段。通过开放API接口,平台能够方便地与第三方应用和服务进行集成,形成一个开放、互联的生态系统。这种开放性不仅为用户提供了更多元化的服务选择,也为平台引入更多的创新应用奠定了基础。同时,API接口的标准化设计确保了与外部系统的无缝对接,提升了平台的兼容性和可扩展性,进一步巩固了平台在公共体育服务领域的核心地位。

(二)技术选型

在公共体育服务信息平台的建设过程中,技术选型是至关重要的一步。选择合适的开发语言是确保平台高效运行的基础。语言如Python、Java或JavaScript等,不仅能够支持强大的后端服务,还能实现流畅的前端交互。Python以其简洁和强大的库支持,广泛应用于数据处理和机器学习;Java具备跨平台的优势,适合大型系统的开发;而JavaScript则在前端开发中占据主导地位,尤其是在构建动态用户界面方面表现出色。选择合适的编程语言能够有效提升平台的开发效率和用户体验。

为了确保平台在各种设备上都能提供良好的用户体验,采用响应式设计框架是必要的。像Bootstrap和Vue. js这样的框架,可以帮助开发者快速构建适应不同屏幕尺寸的用户界面。Bootstrap以其丰富的组件库和强大的响应式网格系统,简化了跨设备设计的复杂性;Vue. js则以其轻量级和渐进式的特性,提供了灵活的组件化开发方式。这些框架的使用,不仅提升了开发效率,还增强了用户在不同设备上的交互体验。

在大数据时代,实施数据分析工具是平台建设中的一大重点。Apache Spark和Hadoop是两种常用的大数据处理工具,它们能够支持复杂的数据分析和用户行为分析。Apache Spark因其内存计算能力和快速处理大规模数据的能力而备受青睐,适用于实时数据分析;而Hadoop则以其分布式存储和处理能力,适合海量数据的批处理任务。通过这些工具的应用,平台可以深入挖掘用户行为数据,为公共体育服务的智能化提供有力支持。

选择安全性高的数据库管理系统是保障用户数据安全存储与管理的关键。PostgreSQL和MongoDB是两种被广泛应用的数据库管理系统。PostgreSQL以其强大的事务处理能力和数据完整性支持,适合结构化数据的存储;MongoDB则以其灵活的文档存储和高扩展性,适合非结构化数据的管理。通过选择合适的数据库系统,平台能有效地保护用户数据的安全,满足不同类型数据的存储需求。

(三)接口与集成

在公共体育服务的信息平台建设中,接口与集成是实现系统互联互通的关键环节。通过标准化的 API 接口设计,不同模块之间能够实现高效的数据交换与功能调用。这种标准化不仅提升了系统的灵活性和可扩展性,还为未来的功能拓展奠定了基础。标准化 API 接口的应用,确保了公共体育服务平台能够快速响应用户需求,提供更加精准和高效的服务。这种设计思路在国际上也被广泛应用,成为现代信息系统架构不可或缺的一部分。

与社交媒体平台的集成,为公共体育服务信息平台增加了新的维度,增强了用户的社交互动和信息分享能力。通过社交媒体,用户可以轻松分享体育活动信息,参与社区讨论,甚至组织线上线下的体育活动。这种集成不仅提升了用户的参与度和黏性,还为平台带来了更多的流量和用户数据。通过分析这些数据,平台可以更好地理解用户需求,提供更加个性化的服务和推荐,进一步提升用户体验。

第三方支付系统的接入,为用户提供了便捷的在线支付功能,大大提升了预约和支付的便利性。用户可以通过多种支付方式完成活动报名、场地预订等操作,享受无缝的支付体验。这种支付系统的集成,不仅简化了用户操作流程,还提高了平台的运营效率和用户满意度。通过与金融机构和支付平台的合作,公共体育服务信息平台能够确保支付过程的安全性和可靠性,为用户提供放心的服务。

与健康数据监测设备的联动,为用户提供了同步个人健康信息的功能,优化了个性化推荐。用户可以通过平台上传或同步其健康数据,如步数、心率等,从而获得更具针对性的体育活动建议和健康指导。这种联动不仅帮助用户更好地管理健康,还促进了体育活动的科学化和个性化发展。通过对健康数据的分析,平台可以为用户提供更为精准的健身计划和健康建议,提升其生活质量。

三、信息平台的数据管理

(一)数据采集与存储

在公共体育服务信息平台的建设中,数据采集与存储是关键环节。数据采集的多样化来源,包括用户注册信息、活动参与记录、用户反馈和社交互动数据等,确保全面反映用户需求与行为。这些数据来源的多样性不仅有助于平台更好地理解用户的兴趣和习惯，还能为定制化服务提供依据。通过对用户行为的深入分析，平台可以优化其服务内容和方式，提高用户满意度和参与度。

为了支持海量数据的快速存取与管理，采用高效的数据存储方案是至关重要的。云存储和分布式数据库技术的应用，为平台提供了强大的数据处理能力和扩展性。这些技术不仅提升了平台的响应速度，还确保了数据的安全性和稳定性。通过合理的存储架构设计，平台能够在处理海量数据时保持高效运作，并为用户提供流畅的服务体验。

数据清洗与预处理流程的实施，确保了采集数据的准确性和完整性，同时去除了冗余信息，为后续的数据分析奠定了坚实的基础。数据清洗过程包括对异常数据的识别和处理、缺失数据的填补以及数据格式的标准化等步骤。这些措施不仅提高了数据质量，也为平台提供了可靠的分析基础，使数据驱动的决策更加精准和有效。

建立数据备份与恢复机制，是保障平台数据安全的重要措施。定期对重要数据进行备份，不仅能防止因系统故障或意外事件导致的数据丢失，还能确保在发生数据损坏时的快速恢复。这种机制的建立，增强了平台的稳定性和可靠性，为用户提供了更为安全的使用环境。

在数据采集过程中，合规性是必须遵循的原则。平台需要严格遵循相关法律法规，保护用户隐私，确保数据使用的合法性和合理性。通过透明的数据使用政策和有效的隐私保护措施，平台可以增强用户对其的信任度，促进用户积极参与数据共享与服务互动。

（二）数据分析与处理

在公共体育服务的信息化过程中，数据分析与处理是提升服务质量的重要环节。数据分析模型的构建是其中的关键，通过引入先进的机器学习算法，对用户行为数据进行深入分析，可以识别出潜在的用户需求与偏好。这一过程不仅需要对海量数据进行高效的处理，还需结合体育领域的专业知识，确保分析结果的准确性和实用性。通过对用户行为的深入洞察，公共体育服务平台能够更好地理解用户的运动习惯和需求，从而提供更加个性化和精准的服务。

实时数据监控系统的实现是信息平台数据管理的另一重要方面。该系统通过动态跟踪用户活动和反馈，实现对平台运营状况的实时监控。这种监控机制不仅能够及时发现问题，还可以根据用户的实时反馈调整服务策略，提高用户满意度。实时数据监控系统的有效性依赖于系统的稳定性和数据处理的及时性，这要求平台在技术架构上具备高度的灵活性和响应能力，以便快速适应不断变化的用户需求。

数据可视化工具的应用是将复杂的数据分析结果转化为易于理解的信息的关键手段。通过直观的图表和报告，管理者能够快速掌握平台运营情况和用户行为趋势。这种可视化的方式不仅提高了数据分析结果的可读性，还为管理者提供了决策支持，帮助他们更好地规划和优化公共体育服务的资源配置。数据可视化工具的有效应用需要结合用户需求和平台目标，确保信息的呈现方式能够满足管理者的实际需求。

用户行为预测机制的建立是数据分析与处理的进一步延伸。通过对历史数据的深入挖掘和分析，平台可以预测用户未来的运动参与趋势。这一机制的有效性直接影响到活动安排和资源配置的优化程度。通过准确的用户行为预测，平台可以提前做好准备，合理分配体育设施和活动资源，提升用户体验和资源利用效率。用户行为预测机制的成功实施需要依赖于准确的数据分析模型和强大的计算能力。

数据安全审计与合规检查是确保数据分析与处理过程符合法律法规的重要措施。随着数据隐私保护意识的增强，平台需要定期评估数据处理流程，确保用户信息的安全性和隐私性。数据安全审计不仅是对平台合规性的检查，也是对用户信任的维护。通过严格的数据安全管理，平台可以有效防范数据泄露风险，提升用户对公共体育服务的信任和满意度。

（三）数据共享与开放

在公共体育服务的信息化建设中，数据共享与开放是提升服务效率和质量的关键。建立一个全面的公共体育服务数据共享平台，可以有效促进各级体育管理机构之间的信息互通与协作。这种信息的流畅交流不仅有助于优化资源配置，也为更精准的决策提供了坚实的数据支撑。通过数据共享，管理机构可以实时掌握各地公共体育服务的运行状况，及时发现问题并进行调整，从而提高整体服务水平。

推动与健康医疗、教育等相关领域的数据共享，是构建跨行业综合服务体系的重要举措。公共体育服务与健康医疗、教育等领域有着天然的联系，通过数据共享，可以形成一个覆盖广泛、功能多样的服务网络。这样的跨行业合作，不仅能够提升公共体育服务的整体效果，还能为公众提供更为全面和个性化的服务体验。通过整合不同领域的数据资源，公共体育服务能够更好地满足公众的多样化需求，增强服务的社会价值。

为了实现高效的数据共享，制定数据共享标准与规范是必不可少的。不同系统之间的数据格式一致性是实现数据高效交换与利用的基础。通过制定统一的标准和规范，可以确保各类数据在不同平台之间的无缝对接，从而提高数据的利用效率。此外，标准化的数据管理也有助于降低数据处理的复杂性，减少数据交换过程中的错误和延迟，为公共体育服务的信息化发展提供技术保障。

鼓励社会组织和企业参与数据共享，是丰富公共体育服务数据来源的重要途径。社会组织和企业拥有丰富的数据资源和技术能力，参与数据共享可以为公共体育服务注入新的活力。通过多方参与，公共体育服务的数据来源将更加多样化和灵活化，这不仅有助于提升服务的创新性，也为社会各界提供了更多的合作机会。多元化的数据来源能够更好地反映社会需求，为公共体育服务的优化提供更为全面的参考。

在数据共享过程中，建立用户授权机制是保护用户隐私和增强用户信任的重要手段。数据共享的前提是用户隐私的保护，只有在确保隐私安全的情况下，用户才会愿意参与到数据共享中来。通过建立完善的用户授权机制，可以让用户自主决定数据的共享范围和方式，从而增强用户对数据共享的信任感。

四、信息平台的用户界面设计

（一）界面布局

界面布局在信息平台的设计中起着至关重要的作用。为了确保用户能够获得良好的视觉体验和操作便利性，界面整体风格应保持简洁明了。统一的色彩和字体不仅可以增强视觉的一致性，还能有效地降低用户的认知负担，从而提升用户的使用满意度。导航栏的设计尤为重要，它应当清晰直观，能够帮助用户快速找到所需的功能模块。通过合理的导航设计，用户可以避免因信息过载而产生的困惑，提升平台的易用性和用户体验。

在活动信息展示模块中，采用卡片式布局是一种行之有效的方法。这种布局方式可以帮助用户快速浏览和筛选感兴趣的活动信息。卡片式布局不仅可以直观地展示活动的关键信息，还能通过图文结合的方式吸引用户的注意力，使用户在短时间内获取所需信息。此外，卡片式布局的灵活性也使其能够适应不同屏幕尺寸和设备，提升平台的适应性和用户体验。

用户个人中心界面的设计应以用户需求为导向，提供直观的个人信息管理和活动记录功能。用户可以方便地查看和修改个人信息，获取参与活动的历史记录。这种设计不仅提升了用户对平台的信任感，还能通过个性化的服务增强用户的黏性。个人中心界面应当简洁而不失功能性，确保用户在使用过程中不会因复杂的操作而感到困扰。

（二）用户体验优化

用户体验在信息平台设计中扮演着至关重要的角色。为了提升用户满意度，提供个性化用户体验成为关键。通过深入分析用户行为，平台可以根据用户的偏好和习惯进行界面布局和内容展示的定制化设计。这种个性化的界面不仅能够满足用户的个性需求，还能在一定程度上提高用户的参与度和忠诚度。用户在使用平台时，能够感受到被重视和理解，从而增加对平台的依赖和信任。

优化加载速度是用户体验优化的另一个重要方面。用户在使用信息平台时，往往希望能够快速访问所需功能，减少等待时间。因此，平台在设计时需要注重后台技术的优化，确保数据传输的高效性和稳定性。通过采用先进的缓存技术和优化的代码结构，平台可以显著提高响应速度，使用户在操作时更加流畅和高效。这种无缝的使用体验不仅能提高用户的满意度，还能在激烈的市场竞争中占据优势。

设计可访问性功能是为了满足不同需求用户的重要措施。在公共体育服务信息平台的用户群体中，可能包括老年人或残疾人，他们在使用平台时可能面临特殊的挑战。因此，平台设计需要考虑到这些用户的特殊需求，提供友好的界面。例如，通过增加文字放大功能、语音辅助功能等，使这些用户能够轻松访问和使用平台的各项功能。这种包容性的设计不仅体现了对所有用户的尊重，也能扩展平台的用户群体。

实现多语言支持是提升平台包容性的重要策略。随着全球化的发展，用户的语言背景日益多样化。平台通过提供多语言界面，可以有效地满足来自不同语言背景用户的需求。这种多语言支持不仅能提高平台的国际化程度，还能增强用户的归属感，使其在使用平台时更加舒适和自如。多语言支持的实现需要在技术上进行周密的规划和实施，以确保语言转换的准确性和流畅性。

（三）交互设计原则

交互设计在公共体育服务信息平台中扮演着至关重要的角色，其核心目标是提升用户体验和操作效率。确保用户界面的直观性是交互设计的基础。通过合理的布局和简洁的设计，用户能够快速理解和使用各项功能，降低学习成本。这不仅有助于吸引新用户，也能提高现有用户的使用频率和满意度。界面的直观性意味着用户无需经过复杂的学习过程即可掌握平台的使用方法，这对于公共体育服务平台的普及和推广具有重要意义。

设计一致的交互元素同样是提升用户体验的重要环节。通过保持按钮、图标和导航的统一性，用户能够在不同的界面中获得一致的操作体验。这种一致性有助于提升用户的操作熟悉度和信任感，使用户在使用过程中更加自信和高效。此外，统一的设计风格也能增强平台的专业形象，吸引更多用户参与到平台的使用中来，为公共体育服务的推广提供良好的基础。

提供及时的反馈机制是交互设计中不可或缺的一部分。用户在操作后能够获得明确的反馈信息，不仅能增强用户的参与感和满意度，还能帮助用户确认操作的正确性，减少误操作的可能性。这种反馈机制可以通过视觉、听觉或触觉等多种形式实现，确保用户在不同环境下都能获得及时的响应。及时的反馈不仅提升了用户的使用体验，也为平台的持续优化提供了重要的数据支持。

在移动设备普及的当下，优化触控和点击响应时间成为交互设计的重点。用户在使用移动设备时，流畅的体验是决定其使用意愿的关键因素之一。通过减少操作延迟，用户能够在平台上进行顺畅的操作，提升整体使用满意度。这不仅能吸引更多的用户使用移动端平台，也能促进公共体育服务信息化的进一步发展和普及。

第二节　公共体育服务大数据的应用

一、公共体育服务大数据的采集与管理

（一）数据采集技术

数据采集技术在公共体育服务中的应用至关重要。传感器技术的应用在这一领域尤为突出，通过可穿戴设备和智能手机等工具，能够实时收集用户的运动数据和健康指标。这些设备不仅能够监测步数、心率等常规运动数据，还可以通过先进的算法分析用户的运动模式和健康状况，为个性化的体育服务提供数据支

持。传感器技术的发展使数据的采集更加精准和高效，促进了公共体育服务的智能化进程。

社交媒体数据的挖掘为公共体育服务提供了新的视角。通过分析用户在社交平台上的活动和反馈，能够深入了解公众对体育活动的兴趣和参与度。这种数据挖掘不仅限于用户的直接反馈，还包括对用户行为模式的分析，如参与活动的频率、偏好类型等。这些信息对于制定更具吸引力的体育活动和服务策略至关重要，使公共体育服务能够更好地满足公众需求，提高其参与度和满意度。

问卷调查与在线反馈机制是获取用户意见和建议的重要手段。定期收集用户对公共体育服务的意见，能够帮助管理者及时发现服务中的不足之处，并进行相应的改进。这种机制不仅提高了服务质量，还增强了用户的参与感和满意度。通过在线平台的反馈，用户能够方便快捷地表达自己的看法，管理者也能迅速获取大量数据，进行科学分析和决策。

地理信息系统（GIS）的应用在优化体育设施布局和活动组织方面发挥了重要作用。GIS结合地理数据分析，可以有效地识别出公共体育设施的使用情况和需求分布，帮助决策者合理规划体育设施的布局，避免资源浪费。同时，GIS还可以为大型体育活动的组织提供数据支持，优化活动路线和场地安排，提高活动的安全性和参与体验。

（二）数据存储方案

在公共体育服务领域，数据存储方案的选择至关重要。采用分布式数据库系统可以有效提升数据存储的扩展性和容错能力。这种系统能够适应用户数据和活动记录的不断增长，通过节点的增加来扩展存储容量，并在某个节点发生故障时，其他节点可以继续提供服务，确保系统的稳定性和可靠性。分布式系统的设计理念与公共体育服务的需求完美契合，为不断变化的用户需求提供了灵活的解决方案。

云存储解决方案的实施是现代数据管理的重要趋势。通过将数据存储在云端，公共体育服务机构能够确保数据的高可用性和快速访问，同时显著降低本地硬件的维护成本。云存储提供了弹性扩展的能力，能够根据需求动态调整存储容量，避免了传统存储设备的空间限制。此外，云存储的多重备份机制也为数据的安全性和持久性提供了保障，使数据在意外情况下仍然可以快速恢复。

数据备份策略的建立是数据管理的重要环节。定期进行数据备份与恢复测试是确保数据安全的关键措施。通过制订详细的备份计划，公共体育服务机构可以在系统故障或数据丢失时快速恢复正常运营，减少对服务的影响。备份策略不仅包括定期的全量备份，还需结合增量备份和差异备份，以提高备份效率并节省存储空间。这样的策略有助于在紧急情况下提供可靠的数据恢复途径。

数据加密技术是保护用户信息和活动数据安全的重要手段。在数据库中存储的数据往往包含敏感信息，因此，采用先进的数据加密技术是防止未授权访问的有效方法。通过加密，数据即使在传输过程中被截获，也无法被解读，从而保护了用户隐私和数据完整性。加密技术的不断发展为公共体育服务的数据安全提供了坚实的保障。

（三）数据管理策略

数据管理策略在公共体育服务大数据的应用中扮演着至关重要的角色。为了确保数据的质量和一致性，建立一个全面的数据治理框架是必不可少的。这个框架需要明确数据管理的责任、流程和标准，以便在数据的采集、处理和应用过程中保持高效和准确。这不仅有助于提升数据的可信度，还能为后续的数据分析和决策提供坚实的基础。

实施数据生命周期管理是优化数据使用效率的关键。数据生命周期管理涉及数据从创建、存储、使用到最终销毁的各个阶段。通过制定相应的策略，可以确保在每个阶段都能有效地管理数据资源，从而最大化地发挥数据的价值。特别是在数据的存储和使用阶段，合理的管理策略可以显著降低数据冗余，提高数据访问速度和准确性。

数据分类与标识制度的推行是为了更好地管理不同类型的数据。通过对数据进行分类管理，可以更方便地进行数据检索和分析。这种分类管理不仅有助于提高数据的利用效率，还能在一定程度上减少数据处理的复杂性。此外，清晰的数据标识能够帮助数据管理人员快速识别和处理数据，从而提高工作的效率和准确性。

定期进行数据质量检查是确保数据准确性和完整性的重要措施。通过定期检查，可以及时发现和纠正数据中的错误，清理冗余或过时的数据，从而保持数据的高质量状态。这一过程不仅能提高数据的可靠性，还能为数据分析和决策提供更为准确的基础数据支持。

二、公共体育服务大数据的分析方法

(一)数据挖掘技术

数据挖掘技术在现代公共体育服务中的应用日益广泛。作为一种从大量数据中提取有用信息的方法,数据挖掘能够帮助体育机构和组织更好地理解用户需求、优化服务内容。其基本原理是通过算法分析和建模,发现数据中的模式和关系,从而为决策提供支持。在公共体育服务领域,数据挖掘技术不仅提高了服务效率,还推动了个性化服务的发展。通过对历史数据的分析,体育机构能够更好地预测用户行为,制定有针对性的活动和服务策略。

分类与回归分析是数据挖掘技术中常用的方法,它们在公共体育服务中的应用具有重要意义。分类分析可以帮助体育组织将用户分为不同的群体,从而提供更具针对性的服务。例如,通过分析用户的年龄、性别、运动习惯等信息,可以将用户分类,以便设计适合不同群体的体育活动。回归分析则用于预测连续变量之间的关系,例如预测某项体育活动的参与人数与天气、时间等因素的关系。这些分析方法为优化资源配置和提升用户满意度提供了科学依据。

聚类分析作为数据挖掘中的另一重要技术,能够识别用户行为模式。通过聚类分析,体育服务提供者可以发现用户在参与体育活动时的共同特征和行为模式。这对于制定符合用户需求的体育服务策略至关重要。例如,通过对用户参与频率、活动类型的聚类分析,可以识别出高频参与者的特点,从而为他们提供更具吸引力的活动和奖励机制。这种基于数据的用户行为分析,能够有效提升用户的参与度和忠诚度。

关联规则挖掘在公共体育服务中用于发现用户需求与活动偏好的关系。通过分析用户的活动记录,体育服务提供者可以识别出某些活动组合的高频出现模式。例如,某些用户在参与篮球活动的同时,也常常参与游泳活动。通过这种关联分析,体育机构可以设计出更符合用户偏好的活动套餐,或者在推广活动时,利用这些关联信息进行交叉营销。这种基于关联规则的分析方法,有助于提高活动的参与率和用户满意度。

(二)统计分析方法

统计分析方法在公共体育服务大数据的应用中扮演着至关重要的角色。描述性统计分析是一种基础工具，用于总结和概括用户参与公共体育服务的基本特征。通过描述性统计，研究人员能够获取关于用户年龄、性别、参与频率等方面的详细信息。这些信息不仅为理解用户的基本构成提供了重要依据，还能帮助管理者识别服务对象的主要特征，从而优化服务内容和形式，提高用户满意度和参与度。

推断性统计分析则进一步提升了数据分析的深度和广度。通过推断性统计，研究人员可以利用样本数据推测整体用户群体的行为和偏好。这种分析方法为公共体育服务的政策制定提供了科学依据，使决策者能够基于数据驱动的洞察制定更具针对性和有效性的政策。推断性统计分析的结果有助于识别用户需求变化的趋势，确保公共体育服务能够及时响应用户的期望和需求。

方差分析（ANOVA）是一种用于比较不同用户群体在体育活动参与度上差异的统计方法。通过方差分析，可以识别出影响用户参与度的关键因素，例如年龄、性别、职业等。了解这些差异有助于制订更具包容性和针对性的体育活动计划，确保不同群体的需求都能得到满足。此外，方差分析还能帮助管理者评估不同政策或活动的效果，从而优化资源配置和活动设计。

回归分析方法在探索用户参与公共体育服务的影响因素方面具有重要作用。通过回归分析，研究人员可以揭示社会经济状态、健康状况等因素对用户参与度的影响程度。这种分析不仅有助于理解用户参与行为的复杂性，还能为公共体育服务的个性化提供指导。通过识别和分析这些影响因素，管理者可以设计更具吸引力的活动和服务，激励更多用户积极参与。

（三）机器学习应用

机器学习在公共体育服务中的应用日益广泛，尤其在用户行为预测方面，通过分析历史数据，识别用户参与活动的趋势，以优化活动安排。通过挖掘用户的历史参与数据，机器学习算法能够有效预测未来的用户行为模式，从而帮助公共体育服务机构合理安排资源，提升活动的参与度和效果。这种预测能力不仅提高了服务的效率，还增强了用户的满意度和体验感，逐步成为公共体育服务体系中不可或缺的一部分。

利用机器学习算法进行个性化推荐是公共体育服务大数据应用的另一重要领域。基于用户的历史偏好和行为数据，机器学习模型能够精确推送最适合的体育活动和服务，满足用户的个性化需求。这种个性化推荐系统不仅提升了用户的参与积极性，还为公共体育服务提供了更为精准的服务方向，使资源配置更加合理，同时也为用户提供了更为贴心的服务体验。

通过聚类分析，机器学习技术可以识别不同用户群体的特征和需求，帮助公共体育服务更精准地满足多样化的用户需求。聚类分析能够将用户细分为不同的群体，识别出各群体的共同特征和需求，这为公共体育服务的精准化提供了数据支撑。通过这种方式，公共体育服务能够更好地了解用户需求，设计出更具针对性的活动和服务，提升整体服务的质量和用户的满意度。

机器学习在数据清洗和处理中的应用同样重要。通过自动识别并修正数据中的错误和异常，机器学习大大提高了数据的质量和可靠性。高质量的数据是进行任何分析和决策的基础，机器学习技术的引入确保了数据的准确性和完整性，从而为公共体育服务的决策提供了坚实的基础，促进了服务的优化和提升。

三、公共体育服务大数据的安全与隐私保护

(一)数据加密技术

数据加密技术在公共体育服务大数据应用中扮演着至关重要的角色。随着信息化进程的加速，用户数据的安全性成为急需解决的问题。采用对称加密技术是保护用户数据的一种有效手段。对称加密通过使用相同的密钥进行数据的加密和解密，确保数据在存储和传输过程中的安全性。其优点在于加密速度快，适合大量数据的快速处理。然而，对称加密也面临密钥管理的挑战，需要确保密钥的安全存储和传输。

在用户身份验证方面，非对称加密技术提供了更高的安全性。非对称加密使用一对公钥和私钥，其中公钥用于加密，私钥用于解密。通过这种方式，用户可以确保只有经过授权的个人才能访问其账户信息，防止未授权访问。非对称加密的引入不仅增强了账户安全性，还为用户提供了更可靠的身份验证机制，成为保障用户隐私的关键技术。

SSL/TLS 协议的应用为信息平台提供了安全的通信通道，确保数据在互联网上的传输安全。SSL/TLS 协议通过加密数据传输过程中的信息，防止数据被窃取或篡改，保障用户与平台之间的通信安全。这种协议广泛应用于电子商务、在线银行等领域，同样适用于公共体育服务平台，为用户提供安全的在线服务体验。

为了应对不断变化的网络安全威胁，定期更新加密算法是必不可少的。加密算法的更新确保平台始终使用最新的安全标准，以抵御潜在的网络攻击和安全威

胁。随着技术的进步，旧有的加密算法可能会被破解，因此，保持加密技术的前沿性是保障数据安全的必要措施。

建立健全的加密密钥管理机制也是数据加密技术的重要组成部分。密钥管理涉及密钥的生成、存储和使用过程，任何环节的疏忽都可能导致密钥泄露。通过完善的密钥管理机制，确保密钥在整个生命周期中的安全性，是防止数据泄露和保障用户隐私的基础。

(二)访问控制机制

在构建公共体育服务的信息化与智能化过程中，访问控制机制是保障大数据安全与隐私保护的关键环节。访问控制机制不仅是技术手段的应用，更是管理策略的体现。基于角色的访问控制(RBAC)模型是当前广泛应用的一种方法，通过明确用户的角色，系统可以确保用户仅能访问与其角色相匹配的数据和功能。这种方法不仅提高了系统的安全性，而且简化了权限管理的复杂性，使管理者能够更有效地控制访问权限。然而，RBAC 模型在应对动态环境变化时可能存在一定的局限性，尤其是在面对复杂多变的用户需求和环境时。

为了进一步增强系统的灵活性和安全性，实施基于属性的访问控制(ABAC)成为一种趋势。ABAC 模型通过结合用户的属性和环境条件，动态调整访问权限。这种方法不仅考虑了用户的身份，还包括用户的行为、时间、地点等多种因素，从而实现更为细致和灵活的访问控制。ABAC 的优势在于其高度的适应性，能够根据实际情况的变化实时调整权限设置，确保在不同情境下仍能保持系统的安全性。然而，ABAC 的实施也对系统的计算能力和管理能力提出了更高的要求，需要不断完善技术和策略。

定期审计用户访问权限是维护系统安全的重要措施。通过定期审计，可以及时更新和撤销不再需要的权限，从而有效防止权限滥用和数据泄露。审计过程不仅是技术层面的检查，更是一种管理监督机制，确保每个用户的权限与其实际需求相符。在审计过程中，管理者需要关注权限的合理性和必要性，确保系统资源的安全使用。同时，审计结果也为后续的权限调整提供了重要依据，帮助管理者优化权限管理策略。

建立多层次的访问控制策略是确保敏感信息安全的重要手段。在公共体育服务大数据的应用中，不同级别的数据和功能需要不同的访问权限。通过区分数据的敏感性和功能的重要性，可以制定相应的访问控制策略，确保敏感信息的访问受到严格限制。这种多层次的控制策略不仅提高了系统的安全性，还提高了数据管理的精细化程度,使系统能够更好地应对复杂的安全挑战。

(三)隐私保护策略

在公共体育服务大数据的应用中,隐私保护策略至关重要。建立用户隐私政策是保护用户隐私的基础。通过明确用户数据的收集、使用和共享方式,确保用户拥有知情权和选择权,这不仅是法律的要求,也是建立用户信任的关键。用户隐私政策应详细说明数据处理的每一个环节,确保用户在知情的情况下,自主决定是否参与数据共享。此外,政策的透明性和易于理解性也是提高用户信任的重要因素。因此,公共体育服务提供者必须在制定隐私政策时,充分考虑用户的理解能力和信息需求。

数据匿名化处理是隐私保护策略中的另一项重要措施。通过去除或模糊化可识别个人身份的信息,减少数据泄露后对用户隐私的威胁。匿名化处理不仅可以保护用户隐私,还能在一定程度上促进数据的开放和共享,推动公共体育服务的创新发展。然而,匿名化技术的应用需要谨慎,必须确保在数据处理过程中不影响数据的有效性和实用性。因此,公共体育服务机构在实施匿名化处理时,应根据数据的特点和使用场景,选择合适的技术手段,最大限度地降低隐私风险。

定期进行隐私影响评估是识别和分析潜在隐私风险的重要手段。通过系统化的评估流程,可以及时发现隐私保护中的薄弱环节,并采取相应的保护措施。这一过程不仅有助于提升数据安全水平,还能增强用户对服务提供者的信任感。隐私影响评估应包括对数据收集、存储、处理和共享等环节的全面分析,并根据评估结果,制定和调整隐私保护策略,以应对不断变化的隐私风险和技术挑战。

提供用户数据访问和删除请求的机制是增强用户对隐私保护信任的重要措施。通过允许用户随时查看和删除其个人信息,赋予用户对自身数据的控制权。这一机制不仅符合数据保护法律法规的要求,也体现了对用户隐私的尊重和保护。公共体育服务机构应确保这一机制的便捷性和可操作性,使用户能够轻松管理自己的数据,从而进一步提升用户对服务的满意度和信任度。

四、公共体育服务大数据的应用分析

(一)健身活动监测

健身活动监测在公共体育服务中扮演着至关重要的角色。通过可穿戴设备的广泛应用,用户可以实时监测自身的运动数据,如步数、心率和卡路里消耗。这些数据不仅帮助用户了解自身的健身状况,还为个性化的健身指导提供了科学依据。随着技术的进步,这些设备的精确性和功能性不断提升,使用户能够在日常生活中随时掌握自己的健康数据,促进了全民健身意识的提升。

移动应用程序的普及为用户提供了便捷的健身活动记录平台。通过记录用户的参与频率和时长,这些应用程序能够分析健身活动的效果,为用户提供个性化的建议。这种数据驱动的分析方式,不仅提高了用户的健身效率,还帮助他们设定合理的健身目标,逐步实现健康生活方式的转变。同时,这些数据也为公共体育服务机构提供了洞察用户需求和行为模式的宝贵信息,助力其优化服务内容和策略。

地理信息系统(GIS)技术在健身活动中的应用,进一步拓展了数据分析的维度。通过分析用户的运动轨迹和活动地点,公共体育服务机构可以优化健身场所的选址和资源配置。这种以数据为基础的科学决策,有助于提高体育设施的利用率,满足不同人群的健身需求。此外,GIS 技术还可以帮助规划城市的健身路径和活动空间,为市民提供更加便捷和安全的健身环境,推动全民健身事业的发展。

社交媒体平台的兴起,为收集和分析用户对健身活动的反馈提供了新的途径。通过分析公众对不同健身项目的兴趣和参与度,公共体育服务机构可以更好地策划和推广健身活动。这种基于大数据的需求导向型活动策划,不仅提高了活动的吸引力和参与度,还促使体育项目向多样化发展,满足了不同人群的健身偏好和需求。

(二)体育设施管理

在现代社会,体育设施管理已成为公共体育服务体系中不可或缺的一部分。利用大数据分析,管理者可以优化体育设施的布局,确保其满足用户需求和使用频率。这种数据驱动的方法不仅有助于提升资源利用效率,还能在一定程度上减少不必要的资源浪费。通过对用户行为的深入分析,管理者能够识别出高频使用区域和低效区域,从而进行合理的资源分配和设施调整,以最大化地服务于社区居民的体育活动需求。

智能监控系统的实施是体育设施管理的另一重要环节。通过实时跟踪设施的使用情况,管理者可以及时进行维护和管理,保障设施的安全和可用性。智能监控不仅限于对设施状态的监控,还包括对人流量、使用时间和使用方式的分析。这些数据为管理者提供了全面而准确的决策支持,使设施的管理更加科学和高效。在安全性方面,智能监控系统可以及时发现和预警潜在的安全隐患,确保用户在使用过程中免受伤害。

用户反馈和使用数据的结合是提升体育设施服务质量的关键。通过定期评估设施的服务质量，管理者可以进行必要的改进和升级，以提高用户满意度。用户反馈不仅包括对设施的直接评价，还涉及对使用体验的综合感受。通过对这些反馈的分析，管理者可以识别出用户不满的具体原因，并采取相应的措施进行改进。这种持续的反馈和改进机制有助于形成一个良性循环，使体育设施的服务质量不断提升。

为方便用户，建立体育设施的预约管理系统是一个有效的解决方案。该系统允许用户在线预约和查询设施的使用情况，大大提升了用户体验和参与度。预约系统不仅简化了用户的操作流程，还减少了现场排队和等待的时间，提高了设施的使用效率。此外，预约系统的数据还可以为管理者提供关于设施使用趋势的重要信息，为未来的设施规划和建设提供参考。

推动社区参与是体育设施管理中不可忽视的方面。通过鼓励居民对体育设施的使用和管理提出建议，社区的归属感和参与感得以增强。社区居民的意见和建议是管理者进行设施改进的重要参考来源。通过社区参与，居民不仅成为体育设施的使用者，也成为其管理和维护的积极参与者。

(三)健康数据分析

健康数据分析在现代公共体育服务中扮演着至关重要的角色。通过可穿戴设备的广泛应用，用户的生理指标得以实时收集。这些设备能够记录心率、睡眠质量和活动量等关键数据，为评估个体的健康状态和运动效果提供了丰富的信息。这种数据的获取不仅推动了个性化健康管理的发展，还为公共体育服务的智能化奠定了基础。通过对这些数据的深入分析，能够更好地理解用户的健康状况，从而制定出更加科学的运动和健康管理方案。

利用大数据技术对健康数据进行聚合分析是实现个性化健康管理的关键。通过对不同人群健康趋势的识别和潜在风险的分析，公共体育服务可以为用户提供定制化的健康管理方案。这种分析不仅能够识别出个体的健康风险，还能在更大范围内发现公共健康问题的趋势。这种能力对于公共卫生政策的制定和实施具有重要意义，能够更有效地应对公共健康挑战，提高社会的整体健康水平。

时间序列分析在健康数据分析中的应用，可以揭示运动习惯的变化与健康指标之间的关系。通过对用户长期健康数据的分析，可以帮助制定科学的运动计划，促进健康生活方式的养成。这种分析方法能够识别出运动与健康之间的因果关系，为用户提供更具针对性的运动建议。同时，通过对运动习惯的监测，还可以帮助用户及时调整运动计划，以达到最佳的健康效果。

社交媒体数据的结合，为健康数据分析提供了新的视角。通过分析用户对健康活动的参与情况与反馈，可以更好地了解公众对健康服务的需求和满意度。这种分析不仅有助于优化现有的健康服务，还可以为新服务的开发提供依据。了解用户的真实需求和反馈，能够帮助公共体育服务提供者在服务设计和实施中做出更明智的决策，提高用户的满意度和参与度。

第三节　公共体育服务的智能化设备与技术

一、智能化健身设备的应用与管理

（一）智能化设备的功能特点

智能化健身设备在现代公共体育服务体系中扮演着重要角色，其功能特点显著提升了用户的健身体验和健康管理能力。这些设备能够实时监测用户的生理指标，如心率和卡路里消耗，为用户提供个性化的运动反馈和建议。这种实时监测功能不仅提高了用户的运动安全性，还能根据用户的身体状态进行动态调整，确保运动的科学性和有效性。

智能化健身设备通常具备联网功能，可以将用户的运动数据同步至移动应用或云平台。这一功能使用户能够随时随地查看和管理个人健身数据，极大地方便了用户的健身计划管理和效果跟踪。通过这些数据，用户可以清晰地了解自己的运动习惯和健康状况，从而制订更加科学合理的健身计划。

智能化设备还具有根据用户的运动习惯和偏好自动调整训练计划的能力。这种智能化的调整不仅提高了运动效果，还增强了用户的参与感和满意度。设备能够学习用户的行为模式，提供更具个性化的训练方案，帮助用户在最短的时间内达到最佳的健身效果。

许多智能健身设备还配备了社交功能，允许用户与朋友分享运动进展。这种社交互动不仅增加了运动的趣味性和竞争性，还在无形中激励用户参与更多的体育活动。通过与他人的互动，用户可以获得更多的鼓励和支持，从而保持长期的运动热情。

智能化健身设备通常具备强大的数据分析和报告生成能力。通过对用户运动数据的深度分析,设备可以帮助用户了解自身的运动趋势和健康状况。这种数据驱动的分析能够为用户提供长期的健康管理建议,帮助用户制订更为科学和可持续的健康管理计划,最终实现健康水平的提升和生活质量的改善。

(二)数据监测与反馈机制

智能化健身设备的核心在于其强大的数据监测与反馈机制。通过先进的传感器技术,这些设备能够实时监测用户的运动数据,包括步数、心率和卡路里消耗等。这些数据不仅为用户提供了精准的健康反馈,还为他们的运动过程提供了科学指导。设备的实时监测功能,确保了用户在运动时能够及时了解自身的身体状况,从而进行适时调整,避免过度或不足的运动情况发生。

智能化健身设备还能够生成个性化的运动报告。这些报告详细展示了用户的运动趋势和健康状况,帮助用户更好地了解自己的身体变化。这种个性化的反馈机制,使用户能够根据自身的实际情况,制订更加科学合理的健身计划。这种数据驱动的方式,不仅提高了用户对健身的科学认识,也增加了他们对健身活动的投入和坚持。

通过移动应用与云平台的结合,用户可以随时查看和管理个人的健身数据。这种便利性增强了用户的积极性和满意度,同时让健身活动自然融入用户的日常生活。用户可以在任何时间、任何地点,通过手机或其他智能设备,了解自己的运动记录和健康状态。这种无缝的连接方式,使健身成为一个持续的过程,而不再是偶尔的活动。

智能健身设备的另一个显著特点是其能够根据用户的运动习惯和偏好,自动调整训练计划。这种智能化的调整机制,确保了运动效果的最大化。设备会根据用户的反馈和历史数据,动态调整训练的强度和内容,以适应用户的身体状态和目标。这种个性化的训练方案,不仅提高了用户的锻炼效率,也增强了他们的健身体验。

设备的社交功能也是智能化健身设备的一大亮点。用户可以通过设备的社交平台,与朋友分享自己的运动进展。这种分享机制,不仅增加了用户之间的互动性,还激励他们参与更多的健身活动。

(三)用户体验与安全管理

用户体验与安全管理在智能化健身设备的应用中显得尤为重要。智能化健身设备应具备用户友好的界面设计，以确保用户能够轻松理解和操作设备。这不仅能够提升用户的使用体验，也有助于降低因操作不当而导致的安全隐患。界面设计的直观性和易用性是提升用户满意度的关键因素，能够有效地吸引更多用户参与到智能化健身设备的使用中来。

智能化健身设备需提供个性化的运动建议和反馈，这一功能基于用户的历史数据和实时监测结果，以增强用户的参与感和满意度。通过对用户运动数据的分析，设备能够为用户量身定制运动计划，并在运动过程中给予实时反馈。这种个性化的服务不仅提升了用户的健身效果，也增强了用户对设备的依赖性和忠诚度，使智能化健身设备能够更好地融入用户的日常生活。

在数据安全方面，建立健全的用户数据保护机制至关重要。智能化健身设备需要确保用户的个人信息和运动数据在存储和传输过程中的安全，防止数据泄露。数据保护不仅是用户隐私的基本保障，也是提升用户信任感的重要手段。通过采用先进的加密技术和严格的数据管理流程，智能化健身设备可以有效防止信息泄露，维护用户的合法权益。

设备的安全运行同样不可忽视，实施设备故障监测与预警系统是确保用户安全的关键措施之一。通过及时识别设备运行异常，智能化健身设备能够在故障发生前进行预警，防止因设备故障导致的用户伤害。这不仅保证了用户在使用过程中的安全，也确保了设备的正常运作，提升了设备的使用寿命和可靠性。

二、体育场馆智能化管理系统

（一）系统架构与功能模块

体育场馆智能化管理系统的架构设计是其高效运行的基础。系统架构应具备模块化设计，这种设计理念不仅便于各功能模块的独立开发和后期维护，还显著提升了系统的灵活性与可扩展性。模块化设计使系统能够根据需求的变化及时进行调整和升级，从而保持其在技术发展中的领先地位。此外，模块化设计还可以减少开发过程中不同模块间的相互依赖，降低系统复杂度，提高开发效率。

在功能模块方面，智能化管理系统需要涵盖用户管理、活动管理、数据分析和反馈机制等多个方面。用户管理模块负责用户信息的录入、更新及权限管理，确保系统能够为不同类型的用户提供个性化的服务。活动管理模块则负责体育场馆内各类活动的组织和协调，确保资源的合理分配与使用。数据分析模块通过对场馆使用数据的深入分析，为管理者提供决策支持，优化场馆运营效率。反馈机制则通过收集用户的意见和建议，持续改进系统功能与服务质量。

为了满足公共体育服务的各项需求，系统应采用云计算技术。云计算不仅可以提升数据存储能力和处理效率，还能确保系统在高并发情况下的稳定性与响应速度。通过云计算，系统可以实现资源的动态分配，降低硬件成本，并提高系统的可用性和可靠性。此外，云计算还为系统的扩展提供了灵活的解决方案，能够迅速响应用户需求的变化。

引入物联网技术是实现体育场馆智能化管理的重要途径。通过物联网技术，系统可以实时监控体育场馆的使用情况和设备状态。这样不仅可以提高资源的配置效率，还能够及时发现和解决设备故障问题，确保场馆的正常运行。物联网技术的应用使体育场馆的管理更加精细化和智能化，从而提升用户的使用体验和满意度。

系统的数据安全与隐私保护机制是用户信任的基础。为了确保用户信息在传输和存储过程中的安全性，系统应采用先进的加密技术和访问控制策略。数据安全机制能够有效防止信息泄露和未经授权的访问，增强用户对平台的信任。此外，系统还应定期进行安全审计和风险评估，及时发现潜在的安全隐患并采取相应措施进行防范。

（二）数据集成与分析

体育场馆智能化管理系统的核心在于数据集成与分析。数据集成的标准化流程是确保来自不同系统和设备的数据能够无缝对接的关键。这一流程的建立不仅提升了数据的操作性，还促进了信息流动的高效性和准确性。在体育场馆的管理中，涉及多个系统和设备的数据，如门禁系统、场馆预约系统、用户管理系统等，标准化流程的实施使这些系统能够共享信息，形成一个统一的数据平台，为管理者提供全面的决策支持。

数据清洗与预处理是数据集成与分析过程中不可或缺的一环。通过这一过程，可以有效提高数据的质量，消除冗余和错误信息，为后续的分析奠定坚实的基础。高质量的数据是准确分析和可靠决策的前提。在体育场馆管理中，数据的清洗与预处理不仅帮助管理者获取更为准确的用户行为和场馆使用情况，还能减少因数据错误而导致的管理决策失误。

数据可视化技术在智能化管理系统中扮演着重要角色。通过将复杂的数据分析结果以图表和报告的形式展示，管理者可以更直观地理解数据背后的信息。

这种可视化的方式不仅提高了信息传递的效率,还帮助管理者在短时间内做出明智的决策。在体育场馆中,管理者可以通过数据可视化技术了解场馆的使用频率、用户的偏好和需求,从而优化服务策略,提高用户满意度。

实时数据监控机制的实施,使体育场馆的管理更加灵活和高效。通过动态跟踪场馆的使用情况和用户行为,管理者能够及时调整服务策略,以应对不断变化的需求和挑战。这种实时监控不仅提高了场馆的运营效率,还为用户提供了更为个性化和精准的服务体验。在智能化管理中,实时数据监控是实现精准服务的重要工具。

构建数据分析模型并运用机器学习算法对用户行为进行深入分析,是优化公共体育服务的关键。这些模型和算法能够识别用户的潜在需求与偏好,为管理者提供科学的决策依据。在智能化管理系统中,通过对用户行为的分析,管理者可以预测未来的需求趋势,提前做好资源配置和服务调整,提升场馆的服务质量和用户体验。

(三)用户交互与服务优化

在公共体育服务的智能化设备与技术中,体育场馆智能化管理系统的用户交互与服务优化是一个至关重要的环节。用户交互的有效性直接影响用户的使用体验和满意度。通过建立用户反馈机制,能够在日常运营中定期收集用户对服务的意见和建议。这一机制不仅有助于识别现有服务中的不足之处,还为持续改进和优化公共体育服务的质量提供了宝贵的依据。用户的反馈能够帮助管理者更好地理解用户需求,从而在系统设计和服务提供中做出相应调整,提升整体服务水平。

个性化服务推荐系统的实施是智能化管理系统中的一项重要创新。通过分析用户的历史行为和偏好,系统可以智能地推送相关的体育活动和服务。这种个性化的服务不仅提高了用户的参与度和满意度,还能有效地增加用户对平台的依赖性和忠诚度。个性化推荐的优势在于其能够满足用户的特定需求,提供更具针对性的服务,这在提升用户体验的同时,也促进了体育活动的普及和推广。

增强用户社区互动功能是提升用户体验的另一重要策略。通过鼓励用户在平台上分享运动经验和活动参与情况,可以形成一个积极的社交氛围。这样的互动不仅丰富了用户的使用体验,还能激发用户的参与热情,形成良好的用户社区文化。社区互动功能的完善,有助于打造一个集交流、学习和分享于一体的综合性平台,进一步提升用户的归属感和平台黏性。

优化用户界面的设计是提升用户体验的基础工作。一个设计合理、功能易于访问和操作的用户界面,能够显著提升用户在使用过程中的便捷性和体验感。界面设计不仅要考虑到美观性,更要注重功能的实用性和操作的便捷性。通过不断优化用户界面,确保用户能够在最短的时间内找到所需功能,并顺利完成操作,这对于提升用户满意度和使用频率具有重要意义。

三、可穿戴设备在体育服务中的应用

(一)运动数据采集与分析

运动数据采集与分析在现代公共体育服务中扮演着至关重要的角色。可穿戴设备的技术特性决定了其在数据采集中的优势。传感器类型多样,包括加速度计、陀螺仪、心率传感器等,这些传感器的组合使设备能够以高频率采集多维度的运动数据,确保数据的准确性和实时性。这种高效的数据采集能力使用户能够实时了解自身的运动状态,从而在日常锻炼中做出及时调整,提高运动效果。

运动数据的多维度分析是可穿戴设备的另一大亮点。通过对步态、心率、卡路里消耗等多种指标的分析,设备能够为用户提供全面的健康评估。这种评估不仅有助于用户了解自己的运动表现,还能帮助识别潜在的健康风险。通过对这些数据的整合分析,用户可以获得关于自身健康状况的深刻洞察,从而制订更科学的运动计划,达到更好的健康管理效果。

在数据采集过程中,用户隐私保护的重要性不容忽视。随着可穿戴设备的普及,用户的个人信息在收集和存储环节的安全性成为关注的焦点。确保数据的安全性,不仅涉及技术层面的加密和访问控制,还需要在法律和伦理层面上建立完善的隐私保护机制。只有在用户隐私得到有效保护的前提下,公共体育服务的信息化与智能化才能获得更广泛的接受和信任。

运动数据的可视化展示是提升用户体验的重要手段。通过图表和报告的形式,用户可以直观地理解其运动表现和健康变化。这种可视化的方式不仅让用户对自身数据有更清晰的认识,还能激发用户的参与热情和动力。通过对数据的形象化展示,用户可以更容易地跟踪自身进步,设定合理的目标,从而保持长期的运动习惯。

(二)健康监测与管理

可穿戴设备在现代公共体育服务中扮演着重要角色,尤其是在健康监测与管理方面。它们能够实时监测用户的生理指标，如心率、血氧饱和度等，为用户提供即时的健康反馈。这种实时监测的能力使用户能够根据自身的生理状态及时调整运动强度和方式，从而避免运动过度或不足的情况发生。通过这种方式，可穿戴设备不仅提高了运动的安全性，还提升了运动效果，使用户的健身活动更加科学和高效。

健康监测系统通过大数据分析，识别用户的健康趋势和潜在风险，为用户提供个性化的健康管理建议。这些系统能够综合分析用户的历史数据，帮助用户了解自身健康状况的变化趋势，识别可能的健康风险，并提供相应的改善建议。这种个性化的健康管理不仅促进了用户的长期健康维护，还提高了用户对自身健康的认知和管理能力，从而在一定程度上减少了对医疗资源的依赖。

结合智能算法，健康管理系统能够自动生成用户的健康报告。这些报告详细展示了用户的运动效果、健康变化及改善建议，帮助用户设定合理的健康目标。通过对运动数据的综合分析，用户可以更清晰地了解自身的健康状况及运动成效，从而制订更加科学的锻炼计划。这种智能化的健康管理方式，不仅提高了用户的运动体验，还增强了用户对健康管理的兴趣和参与度。

通过社交平台，用户可以分享自己的健康数据和运动成果，形成互相激励的社群环境。这样的社群环境不仅提升了用户的参与感和运动积极性，还通过他人的鼓励和支持，帮助用户坚持健康的生活方式。社交功能的引入，使健康管理不再是孤立的个人行为，而是成为一种社群互动的活动，促进了用户之间的交流和经验分享。

健康监测与管理系统必须具备数据隐私保护机制，以确保用户的个人健康信息在收集、存储和传输过程中的安全。这种安全保障机制不仅是对用户隐私的尊重，也是增强用户信任感的基础。只有在确保数据安全的前提下，用户才会更加放心地使用这些智能化设备，从而更好地享受科技带来的健康管理便利。

(三)用户行为与习惯追踪

用户行为与习惯追踪在现代公共体育服务中扮演着至关重要的角色。通过可穿戴设备和移动应用的结合，用户的运动习惯和活动参与情况得以实时监测。这种技术的应用不仅提高了数据的收集效率，还为用户提供了更为个性化的服务体验。可穿戴设备的普及，使用户能够在日常生活中轻松记录下自己的运动数据，这些数据的积累为后续的分析和服务优化奠定了坚实的基础。

数据分析工具的使用是实现用户行为追踪的核心环节。通过对海量用户行为数据的统计和分析，体育服务提供者能够识别出不同用户群体的运动偏好和参与模式。这种分析不仅可以帮助企业优化资源配置，也为用户提供了更为精准的服务建议。通过引入先进的数据分析技术，如机器学习算法的引入，公共体育服务系统能够更加深入和全面地洞察用户行为，有效提升公共体育服务的质量和效率。

用户习惯变化的动态监测是公共体育服务优化的重要手段。通过持续跟踪用户在不同时间段内的运动频率和活动类型的变化，服务提供者可以及时调整其服务策略，以更好地满足用户的需求。这种动态监测不仅能够帮助用户保持良好的运动习惯，还有助于提高用户的运动参与度和满意度。智能化的监测系统使服务提供者可以在第一时间察觉到用户习惯的变化，从而迅速做出反应。

个性化推荐系统的构建是提升用户体验的重要一环。基于用户行为数据，系统可以为用户提供量身定制的运动建议和活动推荐。这种个性化的服务不仅提高了用户的运动积极性，也增强了用户对服务的黏性。通过对用户行为的深入分析，推荐系统可以在合适的时间向用户推送最符合其需求的运动方案，帮助用户实现其运动目标的同时，也提升了其对体育服务的满意度。

四、人工智能技术在体育训练中的应用

（一）训练数据分析与优化

在现代体育训练中，训练数据分析与优化成为提升运动员表现的重要手段。通过数据挖掘技术，我们能够深入分析训练数据，识别出运动员的表现模式和潜在的改进领域。这一过程不仅仅是对数据的简单处理，更是对运动员在训练中表现的全面解读。数据挖掘技术能够从大量的数据中提取有价值的信息，揭示出运动员在训练过程中的优劣势，帮助教练制定更具针对性的训练方案。这种技术的应用，使训练计划不再是基于经验的主观判断，而是建立在科学数据分析的基础上。

机器学习算法的引入为训练计划的优化提供了新的可能。通过实时反馈和历史数据的结合，机器学习算法能够动态调整训练强度和内容，以适应运动员的个体差异和即时状态。这种智能化的训练计划优化，不仅提高了训练的效率，还能有效减少运动损伤的风险。实时反馈机制使教练和运动员可以立即了解训练效果，从而在训练过程中进行及时的调整和优化，确保每一节训练课都能达到预

期的效果。

采用可视化工具展示训练数据，是提升训练效果的重要环节。通过图表、图形等直观的方式，教练和运动员能够轻松理解复杂的训练数据。这种可视化的方式，使训练效果和进展一目了然，帮助运动员更好地理解自己的训练表现和进步情况。同时，教练也可以通过这些可视化工具，快速识别出训练中的问题并进行调整，提高训练的针对性和有效性。

整合生理监测数据与训练记录，是提升训练科学性的关键。通过对运动员生理反应与训练效果之间关系的分析，可以更全面地了解运动员的训练状态。生理监测数据如心率、血氧水平等，与训练记录结合后，能够帮助教练评估运动员的疲劳程度和恢复情况，从而制订更合理的训练计划。这种整合分析，不仅增强了训练的科学性，还能在一定程度上提升运动员的竞技水平。

（二）个性化训练方案设计

个性化训练方案设计在现代体育训练中扮演着至关重要的角色。通过深入分析运动员的生理特征和健康状况，制定出符合个体需求的训练强度和频率，不仅能够最大化训练效果，还能有效降低受伤的风险。这一过程需要综合考虑运动员的身体机能、恢复能力以及潜在的健康问题，以确保每一次训练都在安全范围内进行，从而达到科学训练的目的。

结合运动员的技术水平和训练目标，个性化训练方案的设计需要在专项技能训练和体能训练之间找到最佳平衡点。这意味着在制定训练内容时，需要针对不同运动项目的特点进行量身定制，确保运动员能够在专项技能上取得进步的同时，整体体能水平也得到提升。这种定制化的训练内容不仅提高了训练的有效性，也增强了运动员在比赛中的综合竞争力。

在个性化训练中，数据分析工具的运用使实时监测运动员的训练表现成为可能。这些工具能够收集和分析运动员在训练中的各种数据，从而为教练和运动员提供科学的依据，以便及时调整训练方案以适应运动员的状态变化。这种动态调整机制确保了训练方案的灵活性，使其能够随着运动员状态的变化而不断优化，从而实现最佳的训练效果。

运动员的反馈和评估是个性化训练方案设计中不可或缺的环节。通过定期收集运动员对训练方案的反馈，教练可以对训练计划进行动态优化，以确保其灵活性和适应性。这一过程不仅帮助教练了解运动员的训练体验，也为训练方案的调整提供了重要依据，从而更好地满足运动员的个体需求。

(三)运动表现预测与评估

运动表现预测与评估是人工智能技术在体育训练中的重要应用。通过分析运动员的历史数据,构建运动表现预测模型,能够识别出影响运动员表现的关键性指标。这些指标不仅包括运动员的生理和技术数据,还涵盖了心理因素和外部环境的影响。通过对这些数据的综合分析,预测模型可以为教练和运动员提供未来表现的科学预测,从而帮助他们制订更为精准的训练计划。

基于机器学习算法的运动表现分析是实现个性化训练建议的重要手段。利用大量的训练数据,机器学习能够识别出运动员的表现模式,并提供有针对性的训练建议。这种分析方法不仅能提高训练的科学性,还能够根据运动员的个体差异进行调整,确保每位运动员都能获得最适合其发展的训练方案。通过不断更新和优化算法,运动员和教练能够更加准确地了解训练效果并进行相应的调整。

实时监测运动员的生理状态与表现的关系是优化训练效果与安全性的重要步骤。通过结合生理数据和训练记录,教练可以实时了解运动员的身体负荷和恢复情况,及时调整训练强度和内容。这种实时监测不仅能防止运动员过度训练,还能在运动员状态不佳时迅速采取措施,避免潜在的伤害风险,提高训练的整体安全性和有效性。

数据可视化技术的应用,使运动员的表现趋势与变化可以被直观地展示出来。通过可视化工具,教练和运动员能够清晰地看到训练过程中各项指标的变化情况,这为制定科学的训练策略提供了有力的支持。可视化技术不仅帮助运动员理解自身的表现变化,也促进了教练与运动员之间的沟通与协作,使训练计划的制定更加透明和高效。

第七章　公共体育服务的社区化发展

第一节　社区公共体育服务的供给模式与机制

一、社区公共体育服务的政府主导模式

(一)政府职能定位

政府在社区公共体育服务中扮演着至关重要的角色,其职能定位直接影响着服务的实施效果和覆盖范围。首先,政府作为政策制定者,负责制定相关法律法规和政策框架,以保障公共体育服务的有效实施。通过建立明确的政策导向,政府能够为社区公共体育服务的开展提供制度保障,确保其在法律框架内有序推进。此外,政府通过财政投入和资源配置,确保社区公共体育服务的资金来源和基础设施建设。这一职能不仅提升了服务的可及性和质量,还为居民提供了更为便利的体育活动场所,鼓励更多人参与到体育锻炼中来。

政府在公共体育服务中还承担着组织和协调的职能,促进各部门、社会组织和社区之间的合作,实现资源的共享与合理利用。通过跨部门的协作机制,政府能够有效整合多方资源,避免资源浪费,提升服务效率。同时,政府负责对社区公共体育服务的监督与评估,确保服务质量和效果。通过定期的评估,政府可以及时发现问题,并根据评估结果进行调整和优化,以更好地满足社区居民的需求。

(二)政策法规支持

政策法规在社区公共体育服务中的支持作用至关重要。制定明确的政策法规不仅保障了社区公共体育服务的合法性和规范性,还为服务的实施提供了坚实的法律依据。这些法规的存在确保了公共体育服务在社区内的顺利开展,并为各级政府和相关机构提供了操作指南。通过这些政策法规,社区公共体育服务的合法性得以维护,相关活动的开展有章可循,避免了因法律空白而导致的管理混乱和资源浪费。

建立健全的社区公共体育服务评估机制是政策法规的另一重要体现。通过法规要求，定期对服务效果进行评估和反馈，能够有效促进服务质量的持续改进。这种评估机制不仅有助于发现服务中的不足之处，还能为未来的政策调整和资源分配提供依据。评估机制的存在使社区公共体育服务能够在动态中不断优化，确保资源的合理使用和服务效能的最大化。

地方政府在制定社区公共体育服务政策时，应根据实际情况进行调整，以提高服务的针对性和有效性。每个地区的社会经济状况、文化背景和居民需求各不相同，因此，因地制宜地制定政策显得尤为重要。通过灵活的政策制定，地方政府可以更好地满足社区居民的实际需求，提高公共体育服务的覆盖面和满意度。

政策法规也在引导社会组织和企业参与社区公共体育服务方面发挥着重要作用。通过法律框架的引导，政府、市场和社会可以形成多元化的供给体系。这种多元化不仅能丰富社区体育服务的内容，还能提升服务的质量和效率。社会组织和企业的参与为公共体育服务注入了新的活力，拓宽了服务的渠道和形式，满足了居民多样化的体育需求。

(三)财政投入保障

财政投入保障是确保社区公共体育服务顺利开展的关键。建立稳定的财政投入机制是政府主导模式的重要组成部分，旨在确保社区公共体育服务的资金来源持续可靠。缺乏稳定的资金支持，可能导致服务中断或质量下降，影响居民的体育活动参与度和生活质量。因此，政府应明确财政投入的优先级，通过合理的预算分配，为社区公共体育设施的建设和运营提供充足的资金支持。

设立专项资金用于社区公共体育设施建设和维护，是提升体育服务基础设施水平的有效途径。随着居民体育需求的不断增长，社区体育设施的数量和质量直接影响到居民参与体育活动的积极性和便利性。政府应在财政预算中明确专项资金的比例，确保资金专款专用，逐步改善和完善社区体育设施，满足居民多样化的体育需求，推动全民健身事业的发展。

通过财政补贴和奖励政策，政府可以有效鼓励社会组织和企业参与社区公共体育服务的供给，形成多元化的资金投入渠道。社会组织和企业在资源、管理和创新方面具有独特的优势，其参与不仅可以缓解政府财政压力，还能带来新的活力和资源。政府应制定合理的补贴标准和奖励机制，激励社会力量积极参与，形成政府、社会和市场多方协作的良性互动局面。

二、社区公共体育服务的市场化运作机制

(一)市场主体培育

公共体育服务的市场化运作机制中,市场主体的培育是关键环节。市场主体的定位与角色需要明确,以便鼓励社区内外部组织积极参与公共体育服务的供给与管理。这不仅包括社区体育俱乐部和非营利组织,也涵盖私营企业和社会资本。通过调动多方力量,可以形成多元化的参与主体格局,提升服务的覆盖面和质量。市场主体在公共体育服务中扮演着重要角色,其参与不仅能带来资金和资源,更能引入创新的管理理念和服务模式,从而推动社区体育活动的多样化和专业化。

为了提升市场主体的专业素养和服务能力,建立系统的培训体系是必要的。培训体系应涵盖体育服务的各个方面,包括管理、运营、客户服务和技术支持等。通过系统的培训,市场主体可以更好地理解和满足社区居民的体育需求,提高服务质量。与此同时,培训体系还应注重培养市场主体的社会责任感,使其在提供服务的同时,关注社会效益和居民福祉。这种双重目标的实现,离不开政策的支持和引导。

政策激励措施在吸引企业投资公共体育服务方面发挥着重要作用。政府可以通过税收优惠、资金补贴、土地使用权等手段,鼓励企业将资金和资源投入到社区体育服务中。这种政策激励不仅能增强企业的投资动力,还能促进公共体育服务的多元化发展。通过引入企业的市场化运作机制,社区体育服务可以实现资源的优化配置,提高服务效率和居民满意度。

推动社区与市场主体的合作,是提升公共体育服务资源利用效率的重要途径。社区作为服务的直接受益者,应积极与市场主体建立合作关系,共同探索共建共享的服务模式。这种合作不仅能实现资源的合理配置,还能增强社区居民的参与感和归属感。通过共同制定服务标准、共享设施资源和互通信息,社区和市场主体可以在合作中实现互利共赢,推动公共体育服务的可持续发展。

(二)服务产品开发

社区公共体育服务的市场化运作机制中,服务产品开发是关键环节。开发多样化的社区体育活动产品,旨在满足不同年龄段和人群的需求。通过设计青少年

体育培训和老年人健身课程等活动，能够有效地促进不同群体的身体健康和社会互动。这种多样化的产品开发不仅丰富了社区体育活动的内容，还在一定程度上提高了居民的生活质量和幸福感。与此同时，多样化的产品开发策略也为社区体育服务的市场化运作提供了广阔的空间和可能性。

结合社区特色进行创新体育活动形式的开发，是提高居民参与感的重要策略。传统文化体育活动和社区联赛的引入，不仅丰富了社区体育活动的内容，也增强了居民的文化认同感和社区归属感。通过这种创新的活动形式，居民不仅能够享受到体育锻炼的乐趣，还能够在活动中体验到社区文化的独特魅力。这种结合社区特色的创新活动形式，能够有效地提高社区体育活动的吸引力和居民的参与积极性。

在现代科技迅速发展的背景下，引入科技元素开发智能化的体育服务产品，已成为提升服务便捷性和吸引力的重要手段。通过在线预约系统和虚拟健身课程的开发，居民可以更加便捷地参与社区体育活动。这种智能化的服务不仅能节省居民的时间和精力，还能够提供个性化的体育活动体验。这种科技与体育服务的结合，不仅提升了服务的现代化水平，也为社区体育产品的市场化推广提供了新的契机。

建立社区体育活动的品牌形象，通过市场推广和宣传，是提升居民对社区体育产品认知和参与度的重要途径。通过精心策划的市场推广活动，能够有效地提高社区体育活动的知名度和美誉度。品牌形象的建立，不仅有助于吸引更多居民参与到社区体育活动中来，还能够增强居民对社区体育服务的信任和依赖。这种品牌化的运作模式，为社区体育服务的可持续发展奠定了坚实的基础。

（三）价格机制调节

价格机制在社区公共体育服务的市场化运作中扮演着至关重要的角色。建立合理的价格体系是确保社区公共体育服务可持续发展的基础。合理定价不仅要覆盖服务成本，还需考虑居民的支付能力，以便在不增加居民经济负担的情况下实现服务的广泛普及。价格体系的设计需要综合考虑多方面因素，包括设施维护、人员成本以及服务质量等，以形成一个既能满足成本回收，又能被广大居民接受的价格框架。

价格补贴政策的探索对于促进社区公共体育服务的普及性和公平性具有重要意义。特别是针对低收入群体和特殊人群，制定适当的价格优惠措施，能够有效提升他们参与体育活动的意愿。这种补贴政策不仅是社会公平的体现，也是提高公共体育服务覆盖面的重要手段。通过政府或社会组织的支持,确保每一位居民,无论其经济状况如何,都能享受到高质量的体育服务。

动态定价机制的实施是适应市场需求变化的一种有效方式。根据不同季节、活动类型和居民需求的变化,灵活调整服务价格,可以更好地优化资源配置和提高利用效率。动态定价不仅能在高需求时段增加收入,还能在低需求时期通过降低价格吸引更多参与者,从而实现资源的最大化利用。这种灵活的价格调整策略,有助于平衡供需关系,避免资源的浪费或短缺。

价格竞争是推动社区体育服务质量提升的重要动力。通过市场竞争,服务提供者在价格和质量上不断创新和改进,以吸引更多的消费者。这种良性竞争不仅能促进服务质量的提升,还能推动整个行业的健康发展。在一个竞争充分的市场环境下,居民能够享受到更优质、更具性价比的体育服务,进而提高他们的生活质量和健康水平。

三、社区公共体育服务的社会组织参与模式

(一)社会组织的角色

社会组织在现代社区公共体育服务体系中扮演着多重角色。它不仅仅是活动的组织者和实施者,更是社区居民与政府之间的纽带。通过组织和实施各类体育活动,社会组织能够有效地增强居民的参与感和归属感。居民在参与这些活动的过程中,不仅能够享受体育带来的健康益处,更能在集体活动中找到归属感和认同感,从而提升社区凝聚力。

在提升社区公共体育服务的质量和多样性方面,社会组织的专业化服务和活动策划显得尤为重要。不同群体对体育活动的需求各异,社会组织通过精准的需求分析和专业的活动设计,能够提供多样化的体育服务,满足老年人、青少年、儿童等不同群体的需求。这种多样性不仅提高了社区体育活动的吸引力,也在无形中提升了社区居民的生活质量。

社会组织作为政府与居民之间的桥梁,能够有效传递居民的需求和意见,促进政策的调整和优化。在社区公共体育服务的供给过程中,政策的制定与实施往往需要充分考虑居民的实际需求和意见。社会组织凭借其在社区中的深厚基础,能够及时收集、整理居民的反馈,并将其传递给政府部门,促进政策的科学化、合理化。

在资源整合方面，社会组织发挥着不可或缺的作用。它们能够动员社区内外的资源，形成合力，共同推动公共体育服务的发展。通过与企业、学校、其他非营利组织的合作，社会组织可以获得资金、场地、设备等多方面的支持，确保体育活动的顺利开展。这种资源整合不仅提高了活动的质量，也拓宽了公共体育服务的覆盖面。

（二）合作机制建立

在社区公共体育服务的推进过程中，建立有效的合作机制是关键。合作机制的建立不仅有助于资源的整合与优化配置，还能提升服务的整体质量和效率。通过建立定期沟通机制，可以促进政府、社会组织和居民之间的信息交流，确保各方需求和意见能够及时反馈和整合。这种沟通机制的建立，有助于形成一个开放、透明的交流平台，进而增强各方的信任与合作意愿。此外，通过沟通机制的常态化，也能够有效地识别和解决在合作过程中出现的问题，确保社区公共体育服务的顺利开展。

制定合作协议是确保合作规范性和有效性的基础。在社区公共体育服务中，明确各方的职责和权利是合作协议的核心内容。通过协议的形式，不仅可以为各方提供明确的行为指引，还能在出现争议时提供解决依据。合作协议的制定过程，也是各方利益协调和共识达成的过程。通过协议，政府可以明确其在政策支持和资源提供方面的责任，社会组织则可以清晰其在具体服务实施中的角色和任务。这样的协议安排，能够有效减少合作中的摩擦，提升合作效率。

为了提高社会组织和志愿者在社区公共体育服务中的实施效果，开展联合培训活动显得尤为重要。这些培训活动不仅可以提升参与者的专业能力，还能增强他们对社区体育服务的理解和认同感。通过培训，社会组织和志愿者可以掌握最新的体育服务理念和技术，从而在实际操作中更好地服务社区。此外，培训活动也为不同组织和志愿者之间提供了交流和学习的平台，促进了经验的分享和共同进步。

搭建资源共享平台是实现社区内外部资源整合与利用的有效途径。通过这一平台，社区可以将体育设施、活动和资金进行高效配置，最大程度地发挥资源的作用。资源共享平台的建立，不仅可以提高资源使用效率，还能降低服务成本，扩大服务覆盖面。这种平台化的资源管理模式，有助于形成一个资源丰富、服务多样的社区体育环境，满足不同居民的体育需求。

（三）资源共享平台

资源共享平台在社区公共体育服务的社会组织参与模式中扮演着重要角色。通过建立社区体育资源共享平台，可以有效整合社区内外的体育设施、活动和服务，从而提升资源利用效率。这种整合不仅有助于优化现有资源的配置，还能最大化地发挥体育设施的使用价值，避免资源浪费。资源共享平台的建立为社区居民提供了一个便捷的渠道，使他们能够更容易地获取和利用各种体育资源，从而提升社区整体的体育服务水平。

在资源共享平台的运行中，信息共享是一个关键环节。通过平台发布社区体育活动信息和资源，不仅能够增强居民的参与意识，还能提高活动的参与率。信息的及时发布和更新，使居民能够及时了解社区内的体育活动安排，选择适合自己的活动参与。这种信息的透明化和公开化，激发了居民参与社区体育活动的热情，同时也促进了社区内部的互动和交流，增强了居民之间的联系和社区的凝聚力。

资源共享平台还可以搭建志愿者网络，鼓励居民积极参与到社区体育活动的组织和实施中。这种参与不仅能够增强居民的社区归属感，还能培养居民的组织能力和合作精神。通过志愿者网络，居民可以在参与活动的过程中，认识更多的邻里，建立更紧密的社区关系。这种良性互动为社区的和谐发展奠定了坚实的基础，同时也为社区公共体育服务的可持续发展提供了动力。

为了进一步丰富资源共享平台的功能，引入社会资本是一个有效的策略。通过吸引企业和社会组织参与资源共享，可以形成多元化的资金和服务供给体系。这种多元化的供给不仅能够丰富社区体育服务的内容，还能提升服务的质量和水平。企业和社会组织的参与，为资源共享平台注入了新的活力和动力，使其能够更好地满足社区居民多样化的体育需求。

四、社区公共体育服务的多元化供给机制

（一）公私合作模式

公私合作模式在社区公共体育服务的供给中扮演着重要角色。通过整合政府与民营机构的资源和优势，该模式不仅提升了服务的供给能力，还显著提高了服务质量。政府作为公共体育服务的主要提供者，通常面临资源有限和管理效率

低下的挑战，而民营机构则具备资金、技术和管理经验等优势。通过公私合作，双方可以在资源共享和优势互补的基础上实现双赢，从而有效提升社区公共体育服务的整体水平。

在公私合作模式下，公共体育设施的建设与维护得到了极大提升。民营部门通过投资和管理，能够提高设施的运营效率，使其更好地服务于社区居民。政府与民营机构的合作不仅能够缓解财政压力，还能够通过引入先进的管理理念和技术手段，优化设施的使用和维护。这种合作模式的实施，使社区体育设施的可及性和使用率显著提高，为居民提供了更为便利和优质的体育健身环境。

通过引入市场机制，公私合作模式提升了社区公共体育服务的灵活性和响应速度，能够更好地满足居民多样化的体育需求。民营机构通常具备较强的市场敏感度，能够迅速响应市场变化并调整服务内容和形式，以满足不同年龄层和兴趣群体的需求。这种市场导向的服务模式，不仅丰富了社区体育活动的种类，还提升了居民参与体育活动的积极性和满意度。

公私合作模式还为政府降低财政负担提供了有效路径，同时实现了公共体育服务的可持续发展。通过与民营机构的合作，政府可以将部分财政资源用于其他公共服务领域，而不影响体育服务的质量和覆盖面。民营机构在追求商业利益的同时，也承担起了一定的社会责任，确保公共体育服务的持续性和稳定性。这种合作模式的成功实施，为公共体育服务的长期发展奠定了坚实基础。

（二）多渠道融资

多渠道融资在社区公共体育服务中扮演着至关重要的角色。建立多元化的融资渠道，包括政府财政资金、社会资本、企业赞助等，是确保社区公共体育服务资金来源稳定和多样化的关键。政府财政资金作为基础保障，能够提供稳定的支持，而社会资本和企业赞助则为公共体育服务的创新与发展提供了广阔的空间。通过这些多元化的融资方式，社区公共体育服务不仅可以获得充足的资金支持，还能在资源配置上更具灵活性，从而更好地满足社区居民的多样化需求。

探索社区众筹机制是增强居民和社会组织对公共体育服务参与感和责任感的有效途径。社区众筹不仅能够筹集到必要的资金，还能够激发居民的积极性和创造力，使他们在公共体育服务的规划和实施中发挥更大的作用。这种机制不仅有助于提高资金的筹集效率，还能增强社区凝聚力，形成一种共建共享的良好氛围。通过社区众筹，居民可以更直接地参与到公共体育服务的供给过程中，提升他们对社区事务的关注度和责任感。

引入社会企业和非营利组织的资金支持，通过项目合作和资源共享，可以显著提升社区公共体育服务的可持续性。社会企业和非营利组织通常具有较强的社会责任感和丰富的项目运作经验，它们的参与能够为社区公共体育服务带来新的理念和资源。这种合作模式不仅可以拓宽资金来源，还能通过专业化的服务提高公共体育服务的质量和效率。此外，社会企业和非营利组织的参与也有助于推动社区体育服务的创新，满足居民不断变化的体育需求。

通过政策激励措施，吸引社会投资和赞助，是形成政府与市场共同参与的公共体育服务供给模式的有效手段。政府可以通过税收优惠、补贴等政策措施，激励社会资本进入公共体育服务领域。这种模式不仅能够缓解政府财政压力，还能充分发挥市场机制的作用，提高公共体育服务的供给效率和质量。社会投资和赞助的参与，能够为社区公共体育服务引入更多的创新元素和商业运作模式，从而更好地满足居民的体育需求。

第二节　社区公共体育服务的活动内容与形式

一、社区体育健身活动的组织与实施

（一）健身活动的组织原则

健身活动的组织原则在于以居民需求为导向，确保活动内容和形式符合社区居民的兴趣和参与意愿。社区体育服务的有效性依赖于对居民需求的深入了解和分析，通过问卷调查、座谈会等方式，收集居民的健身偏好和期望，以此为基础设计多样化的健身活动。这不仅能提高居民的参与积极性，还能增强他们对社区体育活动的认同感和归属感。

在组织健身活动时，安全性是首要考虑因素。活动的组织者需制定详细的安全预案和应急措施，以保障参与者的身体健康和安全。具体措施包括：对活动场地进行安全检查，确保无潜在危险；为参与者提供必要的安全指导和培训；配备急救设备和专业人员以应对突发情况。通过这些措施，活动组织者可以有效降低安全风险，增强居民的信任感，从而提高活动的参与率和满意度。

健身活动的实施还应强调包容性，鼓励不同年龄、性别和能力水平的居民参与。这种包容性不仅体现在活动的设计上，还包括对参与者的态度和行为。通过

提供多种难度级别的活动选项,组织者可以确保每位居民都能找到适合自己的活动,从而促进社区的团结与和谐。包容性的实施还需要组织者具备良好的沟通技巧和敏感性,以尊重和理解参与者的多样性,并创造一个友好和支持的活动环境。

合理安排时间和场地是提高健身活动可及性和便利性的关键。活动时间的选择应考虑到居民的作息习惯和工作时间,以便更多人能够参与。场地的选择则应尽量靠近居民区,并具备良好的交通条件,以便于居民的出行。同时,活动场地应具备足够的空间和设施,以满足不同类型活动的需求,并确保参与者的舒适和安全。通过合理的时间和场地安排,社区体育活动能够更好地融入居民的日常生活。

活动的组织还应注重宣传与推广,通过多种渠道提高居民对健身活动的认知和参与热情。传统的宣传方式如张贴海报、发放传单仍然有效,而利用社交媒体平台、社区网站等现代传播工具则能进一步扩大宣传范围。通过组织丰富多彩的活动预告和回顾,激发居民的兴趣和参与欲望。

(二)健身设施的管理与维护

健身设施的管理与维护是社区体育发展的重要组成部分。高效的管理机制不仅能保证设施的安全与功能性,还能提升居民的健身体验。首先,建立健身设施的定期检查制度是确保设施安全性和功能性的关键措施。通过定期检查,管理人员能够及时发现和处理潜在的安全隐患,防止事故的发生,从而保障居民在使用过程中的安全。此举不仅提升了设施的使用效率,还增强了居民对社区体育服务的信任感。

制订详细的健身设施维护计划同样至关重要。维护计划应包括日常清洁、设备保养和定期检修等内容,以延长设施的使用寿命。日常清洁可以防止设备因灰尘和污垢积累而损坏,设备保养则能确保其在最佳状态下运行,定期检修则是预防设备故障的有效手段。这些措施共同作用,确保健身设施能够长期为社区居民提供服务,促进社区体育活动的可持续发展。

为了优化资源配置,建立健身设施的使用登记制度是必要的。通过记录参与者的使用情况,管理者可以分析设施的使用频率和用户反馈。这些数据为设施的管理和服务提供了有力的决策依据,使资源的配置更加合理高效。此外,这一制度也能帮助识别设施的高峰使用时段,从而进行更有效的人员和资源调度。

居民的满意度是衡量健身设施管理效果的重要指标。开展社区居民对健身设施的满意度调查,可以收集居民的意见和建议,为设施的管理和服务提供改进方向。通过分析满意度调查结果，管理者能够及时调整和改善设施的管理策略，提升居民的使用体验，增强社区的凝聚力和居民的归属感。

(三)健身指导员的培训与管理

健身指导员的培训与管理是社区体育服务体系中至关重要的一环。健身指导员不仅需要具备丰富的专业知识和实践经验，还需具备良好的沟通能力和服务意识，以便更好地服务社区居民。在选拔健身指导员时，必须制定严格的标准和程序，确保进入队伍的人员具备必要的专业素养和实践能力。选拔过程中，应重视对候选人实际操作能力的考察，确保其能够在实际工作中有效指导社区居民进行体育锻炼。

定期开展专业培训课程是提升健身指导员教学能力和服务意识的重要手段。通过这些培训，指导员能够不断更新专业知识，掌握最新的健身理论和实践技能，以更好地满足社区居民日益多样化的健身需求。同时，这些培训课程还应注重培养指导员的服务意识，使其在提供专业指导的同时，能够与居民建立良好的互动关系，提升居民的参与感和满意度。

建立健身指导员的考核与激励机制是激发其工作积极性和促进专业发展的有效途径。通过绩效评估，可以全面了解指导员的工作表现，并及时给予反馈和指导。奖励措施则可以通过物质或精神层面的激励，提升指导员的工作热情和职业忠诚度。此外，考核结果还可以作为指导员晋升和继续教育的依据，促进其职业生涯的长远发展。

制定健身指导员的职业发展规划对其职业生涯的长期发展具有重要意义。通过提供继续教育和晋升机会，指导员能够在职业生涯中不断进步，提升自身的专业能力和职业素养。同时，明确的职业发展路径还可以增强指导员的职业安全感和归属感，促使其在社区体育服务中发挥更大的作用，推动社区公共体育服务的整体发展。

二、社区体育文化活动的策划与推广

(一)文化活动的策划流程

文化活动的策划流程是社区体育文化活动成功与否的关键。在开始策划之前，明确活动主题与目标是至关重要的，这不仅有助于活动的顺利开展，还能确保活动能够充分反映社区的特色和居民的真实需求。社区的多样性意味着活动的主题应当具有广泛的吸引力，同时也要能够突出社区的独特文化元素，使居民感受到强烈的归属感和认同感。目标的设定则需要具体且可测量，以便在活动结束后能够评估其效果和影响力。

制订详细的活动计划是策划流程中的另一重要步骤。一个完善的计划应包括活动的时间、地点、参与人员以及预算安排等方面的详细信息。时间的选择应尽量避开居民的工作和学习时间，以便吸引更多人参与；地点则应考虑交通便利性和场地的适用性；参与人员的确定需要兼顾活动的性质和规模，而预算的合理分配则是活动顺利进行的财务保障。通过周密的计划，能够有效降低活动实施过程中的不确定性，提高活动的整体质量和居民的参与度。

组建专门的策划团队是确保活动各个环节顺利进行的基础。团队成员应具备不同的专业背景，以便在活动策划、组织和实施过程中进行明确的分工。团队内部的良好沟通和协调是活动成功的关键，这要求团队成员之间建立有效的沟通机制，确保信息流畅，避免因信息不对称而导致的误解和延误。同时，团队还需定期进行会议，跟进活动的进展，及时解决出现的问题。

设计多样化的活动形式是吸引社区居民参与的重要策略。结合传统与现代元素的活动形式能够满足不同年龄层和兴趣群体的需求。传统元素能够唤起居民的文化记忆和认同感，而现代元素则能够激发年轻人的兴趣和参与热情。通过多样化的活动形式，不仅能够扩大活动的覆盖面，还能增强居民的参与感和互动性，从而提升社区体育文化活动的整体效果。

(二)文化活动的宣传策略

有效的文化活动宣传策略是社区公共体育服务成功与否的关键因素。通过利用社区公告栏和电子屏幕发布活动信息，居民能够在日常生活中方便地获取最新的文化活动动态。这种方式不仅具有成本效益，还能确保信息的广泛传播，使每一个有意参与的居民都能及时获知活动的具体安排。社区公告栏和电子屏幕作为信息发布的传统载体，依然在现代信息传播中扮演着重要的角色。

社交媒体平台的广泛应用为文化活动的宣传提供了新的契机。通过创建活动专页，社区能够定期发布活动预告、现场花絮和参与者反馈。这种互动性极强的宣传方式，不仅能增强居民的互动和参与感，还能通过网络的快速传播特性，吸引更多的潜在参与者。社交媒体的优势在于其覆盖面广、传播速度快，能够在短时间内将活动信息传递给更广泛的受众。

与当地媒体合作进行活动宣传报道，是扩大活动影响力的重要手段。媒体报道不仅能提升活动的知名度，还能通过专业的新闻视角，吸引更多居民的关注和参与。这种合作方式能够使活动超越社区的地理限制，吸引周边地区的居民参与，从而提高活动的整体规模和影响力。媒体的参与为活动提供了权威性和公信力，进一步增强了活动的吸引力。

社区志愿者的招募活动不仅是扩大宣传的一种方式，更是提升社区凝聚力的有效手段。通过鼓励居民积极参与活动的宣传与组织，社区能够在活动中培养居民的主人翁意识和责任感。志愿者的参与不仅能有效地分担活动组织的工作量，还能通过他们的口碑传播，进一步扩大活动的影响。这种自下而上的宣传方式，能够有效地提升活动的参与率和社区居民的满意度。

（三）文化活动的资源整合

文化活动的资源整合在社区体育文化活动的策划与推广中扮演着至关重要的角色。通过整合社区内外的资源，可以有效地提升活动的质量与影响力。社区内的学校、企业和社会组织是丰富的资源，通过与这些机构的合作，能够形成一个多方协作的文化活动支持网络。这种网络不仅能够提供资金和物质支持，还可以通过专业知识和技能的共享，提升活动的策划与执行能力。整合资源的过程也是一个促进社区成员之间交流与合作的机会，为文化活动的顺利开展奠定了坚实的基础。

将社区文化中心和公共场所作为活动的举办场地，是提升资源使用效率的有效策略。在社区内设立固定的活动场所，不仅能够降低活动的场地租赁成本，还能为居民提供一个熟悉的活动环境，增强参与的意愿和便利性。社区文化中心作为一个综合性的活动场所，可以通过合理的时间安排和场地配置，支持多种类型的文化活动同时进行，最大化地利用场地资源。此外，这些公共场所的使用也有助于提升社区的整体文化氛围，成为居民日常生活的一部分。

建立文化活动的志愿者网络，是动员社区居民参与活动组织与实施的重要方式。通过志愿者的参与，不仅可以缓解活动人力资源的不足，还能增强社区的参与感和归属感。志愿者网络的建立需要通过系统的招募和培训，确保志愿者具备必要的组织和沟通能力。在活动实施过程中，志愿者可以承担多种角色，从活动引导到后勤支持，全面参与活动的各个环节。这不仅提高了活动的执行效率，也为志愿者提供了一个展示和提升自我的平台，促进社区凝聚力的增强。

引入专业文化机构与艺术团体，共同策划和实施文化活动，是提升活动专业性和吸引力的有效途径。专业机构和团体的参与,能够为活动带来更高的艺术水准和创新性,吸引更多的居民参与。通过与这些机构的合作,社区可以获得更丰富的文化资源和经验,提升活动的整体质量。此外,专业机构的品牌效应也能为活动带来更多的关注和认可,扩大活动的影响力。在合作过程中,需要明确双方的职责和权益,确保合作的顺利进行。

三、社区体育竞赛活动的设计与管理

(一)竞赛项目的选择与设计

社区体育竞赛活动的设计与管理是公共体育服务体系中的重要组成部分。竞赛项目的选择与设计直接影响到社区居民的参与度和活动的吸引力。选择适合的竞赛项目需要充分考虑社区居民的兴趣和参与度,这样才能确保活动的吸引力和参与率。通过问卷调查、社区会议等方式了解居民的需求和兴趣,可以更好地选择项目,从而提高活动的参与度和满意度。

设计竞赛项目时,不仅要考虑居民的兴趣,还需关注不同年龄段和能力水平的居民。确保竞赛的公平性和包容性是设计的关键。通过设置不同难度的项目或分组竞赛,可以让更多居民在公平的环境中参与活动。同时,项目设计应避免过于专业化,以免排斥非专业人士的参与,增强活动的普及性和包容性。

结合社区的文化特色和传统,创新竞赛项目的形式能够增强居民的认同感和参与感。社区体育活动不仅是身体锻炼的机会,更是文化交流的平台。通过融入当地文化元素,如传统游戏、民族体育项目等,可以使活动更具地方特色,增强居民的归属感和凝聚力。这种创新不仅丰富了活动内容,还能促进社区文化的传承与发展。

制定明确的竞赛规则和评分标准是确保竞赛公正性和透明性的基础。清晰的规则和标准可以提升参与者的信任感,减少争议和冲突。规则的制定应尽量简单易懂,便于参与者理解和遵循。此外,竞赛过程中应有专人负责监督和管理,以确保规则的严格执行和活动的顺利进行。

(二)竞赛规则的制定与执行

竞赛规则的制定与执行在社区体育竞赛活动中起着至关重要的作用。规则的制定不仅需要考虑比赛的公平性和趣味性,还必须将参与者的安全置于首位。

为此，规则中应当明确包括安全措施和应急响应方案。这些措施的设定，旨在为可能出现的意外情况提供有效的应对机制，确保参与者在安全的环境中进行体育活动。通过细致的安全条款，主办方可以有效降低事故发生的概率，从而提高参与者的积极性和参与度。

在制定竞赛规则时，明确各项赛事的评分标准同样重要。评分标准不仅是比赛评判的依据，也是确保比赛公正性和透明度的关键。规则中应详细说明评委的职责和评判依据，确保每一位评委在评分时都有统一的标准可循。这种透明的评分机制，不仅能够减少比赛中可能出现的争议，也能提升参与者对比赛结果的信任感和满意度。通过对评委职责的明晰化，比赛的公正性得以保障，进而提升赛事的整体水平。

考虑到社区体育活动参与者的多样性，竞赛规则的制定还需充分考虑不同参与者的能力水平。合理的分组和竞赛方式是确保公平竞争的基础。规则应依据参与者的年龄、性别、技能水平等因素进行科学分组，这样不仅能激发参与者的潜能，还能让每一位参与者都能在比赛中体验到成功的乐趣。合理的竞赛方式不仅能提升比赛的观赏性，还能增强参与者的成就感和自信心，进而促进社区体育活动的可持续发展。

竞赛规则中应对违规行为作出明确的界定，并制定相应的处罚措施。这种明确的规则设定，旨在维护竞赛的纪律性和权威性。通过对违规行为的清晰界定和合理处罚，能够有效遏制不当行为的发生，维护比赛的秩序和公正性。这样的规则不仅能提高参赛者的自律性和责任感，也能为比赛的顺利进行提供保障，确保每一场比赛都能在和谐的氛围中进行。

（三）竞赛活动的安全保障

竞赛活动的安全保障是社区体育竞赛活动设计与管理中的关键环节。有效的安全保障不仅能够提升参与者的体验，还能确保活动的顺利进行。制定详细的安全预案是安全保障的基础。预案中应明确急救措施和应急响应流程，以便在竞赛中出现意外情况时，能够迅速、高效地进行处理。通过模拟演练等方式不断完善应急预案，确保其可操作性和实效性，是保障竞赛安全的重要手段。

在竞赛前进行全面的安全检查是预防事故发生的有效措施。这包括对所有设备和场地的仔细检查，确保其符合国家和行业的安全标准。检查过程中应重点排查潜在的安全隐患，并采取必要的措施进行整改。只有在确认所有设备和场地达到安全要求后，竞赛活动才能够顺利开展。通过严格的安全检查，能够有效降低竞赛过程中发生意外事件的风险。

为所有参与者提供必要的安全培训是增强安全保障的重要环节。通过培训，参与者可以提高对安全风险的认识，掌握基本的应对技能。在培训中，应重点讲解竞赛活动中常见的安全隐患及其应对方法，帮助参与者树立安全意识。同时，针对不同年龄段和身体状况的参与者，设计有针对性的培训内容，确保每位参与者都能获得充分的安全知识。

设立专门的安全监督团队，是确保竞赛活动安全进行的有效措施。安全监督团队的职责是实时监控竞赛期间的安全情况，及时发现并处理突发事件。团队成员应具备丰富的安全管理经验和专业技能，能够在紧急情况下迅速做出反应。通过定期培训和演练，不断提升安全监督团队的应急处置能力，确保竞赛活动的安全有序进行。

四、社区体育教育活动的开展与创新

(一)教育活动的课程设计

教育活动的课程设计在社区公共体育服务中扮演着关键角色。通过精心设计的课程，社区体育教育不仅能提升居民的身体素质，还能促进社会的和谐发展。课程设计的首要任务是根据社区居民的实际需求和兴趣进行规划。只有当课程内容与居民的生活息息相关，才能激发他们的参与热情和积极性。因此，课程设计者需深入了解社区居民的背景、兴趣和需求，确保课程内容的吸引力和有效性。这一过程需要与居民进行广泛的沟通和调查，以便准确把握他们的期望和兴趣点。

为了使教育活动能够惠及更多的居民，课程设计还需考虑不同年龄段和能力水平的参与者。分层次的教育内容是课程设计中的重要环节，确保每位参与者都能在其能力范围内得到锻炼和提高。对于儿童、青少年、成年人和老年人等不同群体，课程内容应有针对性地进行调整，从而满足不同群体的需求。通过这种方式，不仅能提高居民参与的积极性，还能有效地增强社区凝聚力，促进社会的多元化和包容性发展。

在课程设计中，引入互动式教学方法是提升居民参与感和学习效果的有效策略。实践活动和小组讨论等互动环节可以激发参与者的兴趣和热情，使他们在轻松的氛围中进行学习和交流。这种教学方法不仅能够提高学习效果，还能增强社区居民之间的联系和互动，形成良好的社区氛围。此外，互动式教学方法还能帮助居民在实践中掌握体育技能，达到寓教于乐的目的。

为了使教育活动更具亲和力和认同感，课程应结合社区特色，融入地方文化元素。通过将地方文化融入课程设计，居民可以在熟悉的文化环境中进行学习，增强对课程的认同感和兴趣。这种做法不仅可以提高居民的参与度，还能促进地方文化的传承和发展，增强社区的文化凝聚力和归属感。在课程内容中引入地方传统体育项目和活动，可以更好地实现这一目标。

（二）教育活动的教学方法

教育活动的教学方法在社区体育教育中扮演着关键角色。采用互动式教学法，通过小组讨论和实践活动，能够有效增强参与者的学习兴趣和动手能力。这种方法不仅促进了知识的内化，还为参与者提供了一个分享经验和观点的平台。在小组讨论中，居民们可以通过交流不同的见解，深化对体育知识的理解。同时，实践活动则为他们提供了一个将理论应用于实际的机会，帮助他们更好地掌握相关技能。这种互动式的教学方法打破了传统教学的单向性，使学习变得更加生动和富有成效。

结合多媒体教学工具是现代社区体育教育活动创新的重要举措。利用视频、图像和动画等多媒体元素，丰富教学内容，提高居民对体育知识的理解和记忆。这些工具不仅能直观地展示复杂的体育动作和理论，还能通过生动的视觉效果吸引居民的注意力，从而提高学习效率。多媒体教学为居民提供了一个多感官参与的学习环境，帮助他们更好地理解和记忆所学内容。此外，这种教学方式也为教师提供了更灵活的教学手段，使他们能够根据实际情况调整教学内容和节奏。

实施分层教学是为社区居民提供个性化学习体验的重要策略。根据参与者的不同能力水平和需求，制定个性化的教学方案，确保每位居民都能获得适合的学习体验。分层教学不仅关注参与者的起点差异，还强调了学习目标的个体化设置。通过这种方式，教师可以为不同层次的居民提供适当的挑战和支持，帮助他们在各自的学习轨迹上取得进步。分层教学的实施需要教师具备较强的观察和评估能力，以便及时调整教学策略，满足多样化的学习需求。

引入游戏化教学元素是激发居民参与热情的有效手段。通过竞赛和趣味活动，学习过程变得更加生动有趣，居民的参与积极性也显著提高。游戏化教学不仅增加了学习的趣味性，还通过挑战和奖励机制激励居民投入更多的时间和精力。在这种教学环境中，居民不仅能够享受学习的乐趣，还能在与他人的互动中提高合作和竞争意识。这种方法特别适合于培养居民的团队精神和集体荣誉感，使他们在轻松愉快的氛围中实现学习目标。

(三)教育活动的评估与反馈

教育活动的评估与反馈在社区体育教育中扮演着至关重要的角色。为了确保教育活动的教学效果能够被系统地监测和分析，建立定期评估机制显得尤为必要。这一机制不仅能够帮助识别课程内容的优势与不足，还能够为教育活动的调整和优化提供科学依据。通过定期的评估，社区体育教育活动可以更好地适应居民的需求和期望，从而提高教育活动的参与度和有效性。

在教育活动的评估过程中，收集参与者的反馈意见是不可或缺的一环。采用问卷调查和访谈等方式，可以深入了解居民对教育活动的满意度以及他们的建议。这些反馈不仅能够反映出参与者的真实感受，还能够揭示出教育活动中潜在的问题和改进空间。通过对反馈意见的分析，社区管理者可以更精准地调整教育活动的内容和形式，以更好地满足居民的需求。

为了全面评估教育活动的效果，制定明确的评估指标是必不可少的。这些指标可以包括参与率、知识掌握程度和技能提升等方面，通过这些量化的标准，能够客观地反映教育活动的成效。评估指标的设定不仅能够为活动效果的衡量提供参考，还能够激励参与者积极投入到活动中去，从而形成良性循环，促进社区体育教育活动的持续发展。

在评估结果的分析中，数据分析工具的利用可以大大提高分析的深度和准确性。通过对评估结果进行深入分析，可以识别出教育活动中的优缺点，为后续改进提供依据。这种基于数据的分析方法不仅能够揭示出教育活动的实际效果，还能够为未来的活动规划提供科学的支持，从而推动社区体育教育活动的不断创新和完善。

第三节　社区公共体育服务的资源整合与共享

一、社区体育设施的优化配置

(一)设施布局合理化

设施布局合理化是社区公共体育服务发展的关键环节。合理规划体育设施的分布，不仅有助于提高居民的可达性和参与率，还能促进社区整体健康水平的提升。根据社区的人口密度和居民需求，科学地进行体育设施的布局规划，可以有效地避免资源浪费和设施闲置的现象。通过对人口分布和居民体育活动偏好的深入分析，制定出合理的设施布局方案，使各类体育设施能够真正服务于社区居民，满足他们的多样化需求。

结合社区的地理特征和环境条件，选择适合的场地类型，是设施布局合理化的另一重要方面。社区的地理特征包括地形、气候、环境等，这些因素都会影响体育设施的使用效果和居民的参与度。因此，在规划体育设施时，需要充分考虑这些因素，以确保设施的功能性与美观性相统一。例如，在较为湿热的地区，可以优先建设室内体育馆，而在气候温和的地区，则可以多设置户外运动场地，以便更好地利用自然环境。

在设施布局中，考虑不同年龄段和运动类型的需求是实现社区体育设施优化配置的核心。不同年龄段的居民对体育设施的需求存在明显差异，青少年可能更倾向于使用篮球场、足球场等，而老年人则可能更需要健身步道、太极场地等。因此，多样化的运动场地设置，可以更好地满足各类居民的健身需求，提升社区整体的生活质量和健康水平。同时，考虑到不同运动类型的特殊需求，设施规划中可以加入更多的创新设计，以吸引更多居民参与到体育活动中。

建立社区体育设施的动态管理机制是实现设施布局合理化的保障。通过定期评估设施使用情况和居民反馈，可以及时了解设施的使用效率和居民的真实需求，从而做出科学的调整和优化。这种动态管理机制不仅有助于提高资源配置的效率，还能增强居民对社区体育服务的满意度和参与感。

（二）设施使用效率提升

社区体育设施的使用效率直接关系到公共体育服务的有效性和居民的生活质量。设施使用效率提升不仅是资源合理配置的要求，也是满足居民多样化体育需求的关键。通过建立健全体育设施的预约系统，社区可以更好地管理和分配有限的体育资源。现代技术的发展使在线平台或手机应用的普及成为可能，居民可以通过这些平台提前预约体育设施的使用时间，从而避免因使用时间冲突造成的资源浪费。这种预约系统的实施不仅提高了设施的使用效率，还提升了居民的使用体验，增强了社区的凝聚力。

定期开展设施使用情况的调查与分析是提升设施使用效率的另一重要手段。通过对设施使用情况的系统调查，社区管理者可以收集到居民对设施使用的直接反馈。这些反馈信息对于及时调整开放时间和使用规则至关重要。通过对居民需求的深入分析，社区可以更灵活地安排设施的开放时间，满足不同群体的使用需求，从而提高设施的利用率。此外，这种反馈机制还能帮助社区识别设施使用中的潜在问题，为后续的改进和优化提供依据。

鼓励社区组织定期举办体育活动和赛事，是提升设施使用频率的有效方式。通过组织丰富多样的体育活动，社区可以吸引更多的居民参与，增加设施的使用频率。这不仅能有效提高设施的活跃度，还能促进居民之间的互动和交流，增强社区的活力和凝聚力。社区体育活动的成功举办，不仅依赖于设施的合理配置，更需要居民的积极参与和社区组织的有效协调。

二、社区体育人力资源的协同利用

(一)志愿者网络建设

志愿者网络建设在社区公共体育服务中扮演着至关重要的角色。志愿者不仅是体育活动的参与者和支持者，更是社区体育文化的传播者和推动者。通过建立完善的志愿者招募机制，可以有效吸引社区居民的广泛参与。利用社区宣传和社交媒体等多元化渠道，能够扩大志愿者的来源，确保其多样性和稳定性。多样化的志愿者背景不仅能够带来不同的视角和技能，还能增强社区的凝聚力和活力。

为了提升志愿者的服务能力和参与积极性，制订系统化的志愿者培训计划显得尤为重要。培训计划应包括专业知识和技能的传授，确保志愿者能够在各类体育活动中发挥作用。通过提供有针对性的培训，志愿者不仅能更好地支持社区体育活动，还能在服务过程中获得个人成长和发展。这种双赢的局面不仅提升了志愿者的参与积极性，也为社区体育活动的顺利开展提供了保障。

构建高效的志愿者管理系统是志愿者网络建设的关键环节。通过建立详细的志愿者档案，记录其参与活动的情况和反馈，可以为后续的激励和评估提供有力的数据支持。这样不仅有助于提高志愿者的归属感和责任感，还能通过科学的管理手段，优化志愿者的使用和配置。

(二)专业教练资源共享

在现代社会中，随着人们对健康和生活质量的关注不断增加，社区体育活动的需求也日益增长。然而，社区体育活动的专业性和指导水平往往受到资源的限制。为了有效提升社区体育活动的质量，专业教练资源共享成为关键策略之一。通过建立社区与专业教练之间的合作机制，可以确保教练资源的有效对接与共享。这不仅提升了社区体育活动的专业性，还为社区居民提供了高质量的指导服务。通过这种合作机制，社区能够在有限的资源下最大化地利用专业教练的技能和经验，满足居民的多样化需求。

为了确保专业教练资源能够持续地满足社区需求，定期组织教练培训和交流活动是必不可少的。这些活动不仅提升了教练的专业技能和服务意识，还增强了他们适应社区居民多样化需求的能力。在培训过程中，教练们可以学习到最新的体育指导技术和理念，从而在实际工作中更好地服务社区居民。此外，通过交流活动，教练们能够分享彼此的经验和心得，形成良好的学习氛围，进一步提升整体服务水平。这种持续的专业发展不仅有利于教练个人的成长，也为社区体育活动的可持续发展奠定了坚实的基础。

搭建专业教练信息平台，是实现专业教练资源共享的重要手段之一。通过这一平台，社区居民可以方便地查询和预约教练服务，极大地增强了教练与居民之间的互动与联系。这一信息平台不仅提供了教练的基本信息和专业背景，还包括居民对教练服务的评价和反馈，帮助居民做出更明智的选择。与此同时，平台也为教练提供了展示自己专业能力和服务特色的机会，吸引更多居民参与社区体育活动。这种信息化的手段，不仅提高了资源利用效率，还促进了社区体育服务的现代化进程。

为了进一步提升专业教练在社区中的影响力和参与感，鼓励他们积极参与社区活动的策划与实施是十分重要的。通过参与社区活动，教练们不仅能够展示自己的专业能力，还能直接与社区居民互动，了解他们的实际需求和期望。这种参与不仅提升了教练在社区中的知名度和信任感，也促进了社区体育文化的建设与发展。

三、社区体育信息资源的共享平台建设

（一）信息平台技术支持

信息平台技术支持在社区体育信息资源共享中扮演着至关重要的角色。建立一个统一的信息平台，整合社区内外的体育资源信息，是提高信息获取便利性

和实时性的重要途径。通过这一平台，社区居民能够快速获取各类体育活动的信息，包括活动时间、地点、内容等细节，从而有效减少信息不对称的问题。此外，信息平台的统一性还可以减少重复建设的资源浪费，提升整体服务效率。为了实现这一目标，技术支持不仅需要涵盖硬件和软件的基础设施，还需提供强大的数据处理能力，以应对海量信息的存储和管理需求。

开发移动应用程序是现代信息平台技术支持的重要组成部分。通过这些应用程序，社区居民能够随时随地进行体育活动的在线预约、报名和反馈。这不仅简化了参与流程，也大大增强了居民的参与体验。移动应用程序可以提供个性化的服务，记录用户的参与历史和偏好，进而推荐合适的活动。此外，应用程序的社交功能还可以促进居民之间的互动与交流，增强社区凝聚力。为了确保这些功能的有效实现，开发团队需要注重用户界面的友好性和操作的便捷性，以满足不同年龄段用户的需求。

数据分析技术在社区体育活动的管理中发挥着关键作用。通过对活动参与情况进行统计与分析，社区管理者可以更好地了解居民的需求和偏好，从而优化资源配置和活动安排。数据分析可以揭示出参与人数、活动受欢迎程度、居民满意度等重要指标，为未来的活动策划提供科学依据。利用这些数据，社区可以制定更加精准的服务策略，提升居民的参与度和满意度。为了实现这一目标，信息平台需要具备强大的数据分析能力，能够实时处理和解析大规模数据，以支持决策的制定。

云计算技术的引入为信息平台的稳定性和安全性提供了坚实保障。通过云计算，社区体育服务的信息平台可以实现高效的资源调度和数据存储，确保系统的稳定运行。云计算的弹性扩展能力可以应对不同规模的需求变化，避免系统过载或资源浪费。同时，云计算提供的安全措施，如数据加密和访问控制，能够有效保护居民的个人信息和隐私。

（二）用户数据安全管理

用户数据安全管理是社区体育信息资源共享平台建设中的重要环节，直接关系到用户的隐私保护和数据的安全性。建立用户数据分类管理机制是首要任务。根据数据的敏感性和使用目的，将数据进行分级管理，可以有效保障不同级别的数据获得相应的保护措施。敏感数据需要更高级别的保护，以防止在数据使用过程中出现安全隐患。通过科学的分类管理，不仅有助于提高数据管理的效率，还能增强用户对平台的信任感。

在数据安全管理中,实施数据加密技术至关重要。对用户个人信息进行加密存储是保护数据安全的核心手段。加密技术能够在数据传输和存储过程中,防止数据被非法访问或泄露,确保用户信息的机密性和完整性。加密技术的应用需要结合最新的安全标准和技术规范,确保在数据加密过程中不影响数据的正常使用和访问。此外,选择合适的加密算法和密钥管理方案,也是提升数据安全性的重要一环。

定期开展用户数据安全审计是保障数据安全的有效措施。通过安全审计,可以检测和评估数据管理系统的安全性,及时发现和修复潜在的安全漏洞。安全审计不仅包括对系统技术层面的检查,还包括对管理流程和制度执行情况的评估。通过定期的安全审计,可以形成数据安全管理的闭环,确保数据管理系统始终处于安全状态,防范潜在的安全威胁。

参考文献

[1]孙锋．公共体育服务体系构建与运行研究[M]．长春：吉林人民出版社，2021．

[2]胡潆月．公共体育服务体系科学化构建研究[M]．北京：中国纺织出版社，2021．

[3]孙克诚．我国体育公共服务现状及体系构建研究[M]．秦皇岛：燕山大学出版社，2019．

[4]焦长庚．网络化治理下公共体育服务协同供给研究[M]．北京：北京首都经济贸易大学出版社，2022．

[5]霍亮．新时代背景下公共体育的建设与发展研究[M]．长春：吉林出版集团股份有限公司，2022．

[6]李国．城市社区公共体育服务系统非平衡演进研究[M]．北京：九州出版社，2020．

[7]苏家福．城市公共体育服务创新机制研究[M]．北京：中国原子能出版社，2018．

[8]齐超．体育公共服务改革 理想之美与现实之殇[M]．上海：复旦大学出版社，2019．

[9]顾慧亚，王晓军．全民健身路径与公共体育服务体系建设研究[M]．北京：九州出版社，2018．

[10]屈辉．高校体育公共服务体系构建研究[M]．长春：吉林出版集团，2023．

[11]陈元欣．大型体育场馆经营权改革研究[M]．武汉：华中师范大学出版社，2021．

[12]宫彩燕．全民健身体系研究[M]．长春：吉林人民出版社，2020．

[13]李燕领，邱鹏，张新奥．我国公共体育服务财政投入研究[M]．上海：上海交通大学出版社，2022．

[14]张荣华．新时代公共体育服务高质量供给研究[M]．合肥：合肥工业大学出版社，2022．